# Success15

http://success.waseda-ac.net/

CONTENTS

4
サクセス15
April 2018



表紙：開成高等学校

新小1～新中3

# 新入塾生受付中

## 「本気でやる子」を育てる。

私達は学習することを通して本気で物ごとに取り組み、他に頼ることなく自分でやり通すことのできる子を育てることを目標としています。

保護者様対象　**無料**

## 入塾説明会

**3/17(土)**
【時間】10:00～11:30
※校舎により実施時間が異なる場合がございます。
【会場】早稲田アカデミー各校舎

校舎責任者より、早稲田アカデミーの授業やカリキュラム、校舎の実績などについて詳しくお話しさせていただきます。説明会終了後には、実際に使用している教材も手に取ってご覧いただけます。また、個別のご相談・ご質問もお受けいたします。
参加ご希望の校舎まで、お電話にてお申し込みください。

参加者プレゼント
受験資料集

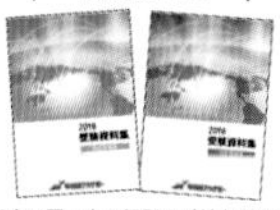

※ご都合の悪い方は個別にご対応させていただきますので、お気軽にご相談ください。

小2(新小3)～中2(新中3)対象　**無料**

## 入塾テスト

現段階での基礎力・習熟度を診断させていただきます。既習内容からの出題が中心となりますので、特別な準備は必要ありません。

**毎週 土曜・指定日曜(祝日)**

【土曜】14:00～　【日曜(祝日)】10:00～　※所要時間は学年によって異なります。

▼テスト結果を元に、カウンセリングをさせていただきます▼

## 入塾テスト

お子様の答案をご一緒に確認しながら、今後の学習プランや家庭学習の方法などについて具体的にお話しさせていただきます。

受験ご希望の校舎まで、お電話にてお申し込みください

新規開校
新入塾生受付中

早稲田アカデミー
蒲田校

小・中・高全学年対応／難関受験・個別指導・人材育成
早稲田アカデミー個別進学館
WASEDA ACADEMY KOBETSU SCHOOL
海浜幕張校・相模大野校・松戸校

## 年長(新小1)～中2(新中3)　3/26(月)▶4/3(火)

※学年により実施日が異なる場合がございます。
※4/1(日)はお休みです。

### 新中2NZコース

- 英語　一般動詞・be動詞の過去形／過去進行形／中1の復習
- 数学　式の計算／中1の復習
- 国語　説明的文章／文学的文章／韻文／古文／文法
- 理科　中1の分野の演習
- 社会　日本地理の復習

| 科目 | 日程 | 時間 | 料金 |
|---|---|---|---|
| 英・数・国 | 3/26(月)～4/3(火) | 16:00～17:20<br>17:30～18:50 | 32,400円(29,400円) |
| 理・社 | | 13:30～15:30 | 24,200円(21,800円) |

### 新中3特訓

- 英語　完了形(現在・過去)／不定詞／原形不定詞／関係代名詞／関係副詞
- 数学　関数
- 国語　説明的文章／文学的文章／韻文／古文／文法
- 理科　中1・中2単元の分野別演習
- 社会　世界地理

| 科目 | 日程 | 時間 | 料金 |
|---|---|---|---|
| 英・数・国 | 3/26(月)～4/3(火) | 16:00～17:30<br>17:40～19:10 | 37,500円(33,600円) |
| 理・社 | | 13:30～15:30 | 24,200円(21,800円) |

### 新小5K

- 数学　整数の計算／小数の計算／分数の計算／平面図形／立体
- 国語　物語文／随筆文／説明文／詩／語句の知識／文法

| 科目 | 日程 | 時間 | 料金 |
|---|---|---|---|
| 算・国 | 3/26(月)～3/29(木) | 10:00～11:20 | 7,700円(6,400円) |

### 新小6K

- 英語　動詞の使い方と時制／助動詞／いろいろな疑問文　※英語は、2年目クラスのみの実施となります。詳細はお問い合わせください。
- 数学　小数の計算／分数の計算／面積／体積／単位量あたりの大きさ
- 国語　物語文／随筆文／論説文／説明文／詩／語句の知識／文法

| 科目 | 日程 | 時間 | 料金 |
|---|---|---|---|
| 算・国 | 3/26(月)～3/31(土) | 13:00～14:40 | 9,400円(8,000円) |
| 英※ | | 13:00～14:40 | 4,700円(4,000円) |

別途実費でご購入いただく教材がある場合がございます。(　)内は塾生料金になります。　※カリキュラムは変更になる場合がございます。

お問い合わせ、お申し込みは早稲田アカデミー各校舎または
カスタマーセンター **0120-97-3737** までお願いいたします。

# 春期講習会、受付中

## 春期講習会カリキュラム

### 新中1

- 英語 身の回りの単語／This is〜・a,an／is,am,areの使い方
- 数学 正負の数等
- 国語 説明文／随筆文／小説文／詩・短歌・俳句

| 科目 | 日程 | 時間 | 料金 |
|---|---|---|---|
| 英・数・国 | 3/26(月)〜3/31(土) | 13:30〜15:30 | 20,100円(16,800円) |

### 新中2特訓

- 英語 助動詞／過去時制／中1内容の復習
- 数学 連立方程式
- 国語 説明的文章／文学的文章／韻文／古文／文法
- 理科 中1単元の分野別演習
- 社会 世界地理／歴史(中世まで)

| 科目 | 日程 | 時間 | 料金 |
|---|---|---|---|
| 英・数・国 | 3/26(月)〜4/3(火) | 16:00〜17:20<br>17:30〜18:50 | 32,400円(29,400円) |
| 理・社 | | 13:30〜15:30 | 24,200円(21,800円) |

### 新中2レギュラー

- 英語 過去形／過去進行形／中1内容の復習
- 数学 式の計算
- 国語 説明的文章／文学的文章／韻文／古文／文法
- 理科 中1単元の分野別演習
- 社会 世界地理／歴史(中世まで)

| 科目 | 日程 | 時間 | 料金 |
|---|---|---|---|
| 英・数・国 | 3/26(月)〜4/3(火) | 16:00〜17:20<br>17:30〜18:50 | 32,400円(29,400円) |
| 理・社 | | 13:30〜15:30 | 24,200円(21,800円) |

### 新中3レギュラー

- 英語 比較／5文型／受動態
- 数学 式の展開と因数分解
- 国語 説明的文章／文学的文章／韻文／古文／文法
- 理科 中1／中2単元の分野別演習
- 社会 地理／歴史

| 科目 | 日程 | 時間 | 料金 |
|---|---|---|---|
| 英・数・国 | 3/26(月)〜4/3(火) | 16:00〜17:30<br>17:40〜19:10 | 37,500円(33,600円) |
| 理・社 | | 13:30〜15:30 | 24,200円(21,800円) |

### 新中3NZコース

- 英語 比較／基本文型／受動態
- 数学 式の展開と因数分解／中2の復習
- 国語 説明的文章／文学的文章／韻文／古文／文法
- 理科 中1・中2分野の演習
- 社会 世界地理の復習／日本地理の復習／歴史の復習

| 科目 | 日程 | 時間 | 料金 |
|---|---|---|---|
| 英・数・国 | 3/26(月)〜4/3(火) | 16:00〜17:30<br>17:40〜19:10 | 37,500円(33,600円) |
| 理・社 | | 13:30〜15:30 | 24,200円(21,800円) |

※校舎により一部日程が異なる場合があります。　※校舎により一部設置コースが異なります。　※料金には、授業料・教材費・管理費・消費税等全てが含まれています。なお、一部の学年・クラスにおいては

早稲田アカデミー

# 2018 高校入試合格実績速報

2018/2/22 12:30 現在
中3生在籍者数 約5,800名からの実績です。

## 圧倒的占有率!!

占有率は合格発表当日の掲示板の占有率です。繰り上げ合格や推薦入試は含みません。

**慶應女子高 83名合格**（定員約100名）

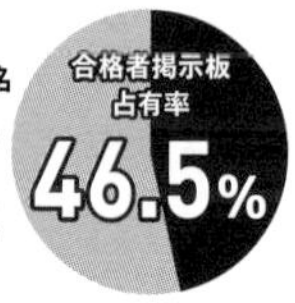


**学大附高 80名合格**（定員約335名）

数字が証明。難関校合格を目指すなら、
早稲田アカデミー。

| | | | |
|---|---|---|---|
| 慶應志木高 302名<br>定員約230名 | 慶應義塾高 233名<br>定員約370名 | 慶應湘南藤沢高 37名<br>定員約50名 | 早大学院高 263名<br>定員約360名 |
| 早実高 141名<br>定員180名 | 早大本庄高 365名<br>定員約320名 | 渋谷幕張高 107名<br>定員約55名 | 豊島岡女子高 103名<br>定員約90名 |
| ICU高 67名<br>定員240名 | 桐朋高 19名<br>定員約50名 | 明大明治高 145名<br>定員約100名 | 明大中野高 127名<br>定員約165名 |
| 青山学院高 149名<br>定員約180名 | 立教新座高 343名<br>定員約80名 | 中大杉並高 152名<br>定員300名 | 中大附属高 91名<br>定員200名 |
| 中央大学高 75名<br>定員120名 | 法政大学高 38名<br>定員92名 | 法政第二高 56名<br>定員435名 | 市川高 185名<br>定員120名 |

●合格者数の集計について　合格者数は、早稲田アカデミー・国研・SPICA・MYSTA・早稲田アカデミー個別進学館、及び早稲田アカデミーシンガポール校に、塾生として正規の入塾手続きを行ない、受験直前期まで継続的に在籍し、授業に参加した生徒のみを対象に集計しています。テストのみを受験した生徒、夏期合宿・正月特訓・その他選択講座のみを受講した生徒は、一切含んでおりません。

**新中3対象**　難関校対策日曜特別コース

# 必勝コース（前期）　4/8㊐ 開講

### 難関校に合格するための
### 最高峰の環境とシステムがここにある

志望校合格の可能性を高めるには、志望校に合わせた有効な対策が必要です。早稲田アカデミーの必勝コースでは、日曜日を利用してコースごとに異なる拠点会場に集まり、同じ志望校を目指す仲間と切磋琢磨する環境を作っています。出題傾向を徹底的に研究して作られた専用テキストを使い、志望校を知り尽くした講師が指導する授業は、毎年多くの合格者を生み出しています。

**必勝4科**コース（筑駒・開成・国立クラス）

［対象校］開成・灘・筑駒・筑附・学大附・お茶附・慶應女子・日比谷・横浜翠嵐・湘南・浦和・浦和一女・県立千葉　など

**必勝3科**コース（早慶・難関クラス）

［対象校］早慶附属・MARCH附属・豊島岡女子・成蹊　など

## 必勝志望校判定模試
（兼 必勝コース選抜試験）

**3/21㊗　無料　特待生認定あり**

5科目　**4科**コース選抜試験／8:30～13:10
ExiV渋谷校・ExiV西日暮里校・立川校・武蔵小杉校・船橋校・北浦和校

3科目　**3科**コース選抜試験／8:30～11:45
ExiV新宿校・池袋校・荻窪校・都立大学校・木場校・国分寺校・横浜校
EixVたまプラーザ校・新百合ケ丘校・大宮校・所沢校・新浦安校・松戸校

お問い合わせ、お申し込みは
早稲田アカデミー各校舎までお願いいたします。　早稲田アカデミー　検索

# 圧勝!!

早稲田アカデミー

今年も圧倒的合格者数!

# 早慶高 1424名合格

定員計約1610名

筑駒高 22名合格　定員約40名　合格者掲示板占有率 48.8%

開成高 96名合格　定員100名　合格者掲示板占有率 50.0%

筑附高 69名合格　定員80名　合格者掲示板占有率 46.3%

お茶附高 42名合格　定員約60名　合格者掲示板占有率 42.7%

## 2018 高校入試報告会

無料

新中1～新中3・新小5新小6（公立中学校進学予定）保護者様対象

新中1～新中3・新小5新小6（公立中学校進学予定）保護者様対象

## 地域別高校入試報告会

| | | |
| --- | --- | --- |
| 東京① | 3/16（金） | 小金井 宮地楽器ホール大ホール【武蔵小金井駅】 |
| 東京② | 3/ 締め切らせていただきました。 | ンビックホール小ホール 駅】 |
| 神奈川 | 3/15（木） | HOTEL THE KNOT YOKOHAMA【横浜駅】 |
| 千葉 | 3/20（火） | きららホール【船橋駅】 |
| 埼玉 | 3/23（金） | さいたま市文化センター小ホール【南浦和駅】 |

【講演時間（全日程共通）】 10:00 ～ 11:30（開場 9:30）

お申し込み方法　早稲田アカデミーホームページよりお申し込みください。 早稲田アカデミー 検索

**男子 開成高校・国立附属高校入試報告会**
3/22（木）
TKPガーデンシティ渋谷 ホール4A【渋谷駅】

**男子 筑波大学附属駒場校高入試報告会**
3/22（木）
TKPガーデンシティ渋谷 ホール4D【渋谷駅】

**女子 国立附属高校・慶應女子高校入試報告会**
3/26（月）
TKPガーデンシティ渋谷 ホール4A【渋谷駅】

**早慶附属高校入試報告会**
3/ 締め切らせていただきました。
一橋大学一橋講堂 ンター2階） 竹橋駅】
ひと口に早 それぞれ特徴があります。各校の入試の特徴や出題傾向について分析するとともに、合格のために身に付けておきたい力についてもお伝えします。

早稲田アカデミー

# 縦横無尽の東大さんぽ

text by キャシー

Vol.1

## 受験成功のカギは意欲とコスパの高さ

はじめまして！　今月からこのコラムを担当する東京大学・新3年生のキャシーです。生まれは東京で、帰国子女。中高時代は茶道部。ところが一転、いまは体育会の水泳部で、バリバリ週6で練習しています。学部は農学部。好きなものは紅茶とチーズと辛い食べものとガトーショコラとハンバーグ…と自己紹介はこれくらいにしておきましょう。

さて、そんな私が東大受験を意識し始めたのは高2のとき。学校にあった東大のパンフレットを何気なく手に取ったのがきっかけです。そこには、まず全員が教養学部で文理の枠を超えて幅広い分野を学び、3年生から自分の選んだ専門分野を学ぶ、と書いてありました。当時、得意な英語を活かして文系に進むか、おもしろい実験ができる理系に進むか悩んでいた私は、この制度に惹かれて東大をめざすことにしました。

そして実際に東大に入って気づいたのは、中高時代勉強しかしてこなかったという人が意外に少ないことです。確かに私も東日本大震災の復興支援ボランティアやフランスでの3週間留学を経験したり、東大受験を決めてからもスピーチコンテストに参加したり、文化祭の映像作品の監督をしたりと忙しくしていましたし、周りにも生徒会で活躍した人、文化祭や運動会に魂を捧げた人、はたまた高校生にして起業した人など、勉強以外のことに全力で取り組んでいた人がたくさんいました。

このように中高時代色々なことに挑戦していた私たちが東大に合格できたカラクリはなんだと思いますか。私は「意欲」と「コストパフォーマンス（コスパ）の高さ」だと考えています。意欲とは勉強を楽しむこと。例えば歴史の年号を覚えることを数字の暗記だととらえると苦痛ですが、いかにおもしろい語呂合わせを思いつけるかのゲームだと思えば楽しくなる気がしませんか。受験を楽しいこととみなすことができたからこそ勉強を頑張れたのだと思います。

また、コスパというのは、ここでは時間をいかに有効活用できるかということで、これをいかに高くすることができるかがポイントだと思います。私は長期休み中も毎日勉強のノルマを決めていたので、みなさんも春休みはしっかり計画を立てて充実した日々を過ごしていきましょう。

今後もおすすめの勉強法や東大の魅力についてお伝えしていくので、楽しみにしていてください。

### 今月の挑戦!!

**妹の受験にあわせて**
**ハーフマラソンに挑戦！**

大学に入ると中高時代とは大きく変わって、自由な時間がたくさん手に入るようになります。興味ある講義で時間割を埋めて学問の道を突き進むのもよし、部活動に入って身体と心を鍛えあげるのもよし。また、サークルやアルバイトに夢中になっている学生も多いです。つまり大学生活はさまざまなことを経験する機会と、それを実行するだけの時間を持てる貴重な時期なのです！　このコーナーではそうした時間を使って私が色々なことに挑戦する様子をお伝えしていきたいと思います。

早速ですが、みなさんは2月25日がなんの日かご存じですか？　正解は多くの国立大学の受験日です。私の妹もこの日に受験がありました。毎日必死に勉強している妹を見て、なにか頑張りたいと思った私は、同日ハーフマラソンに参加することを決めました。そのため、この原稿を書いているいまは走り込みの真っ最中で、キャンパス内の学生専用ジムに通って体力をつけています。はたして私は走りきれるのか。妹は受かるのか。朗報を待っていてください！

あなたに向いているのはどっち？

# 大学附属校と進学校の違いを知ろう

高校受験に向けた志望校選びをする際に、みなさんはどのような項目を重視しますか。私立校なのか公立校なのか、共学校なのか別学校なのか、と色々な観点から考えると思いますが、今回はその観点の１つである大学附属校と進学校に絞って、それぞれどんな特徴や魅力があるのかを安田教育研究所代表の安田理先生にお伺いしました。

# 附属校と進学校 それぞれの特徴を見てみよう

安田教育研究所代表
**安田 理 先生**

安田教育研究所代表。東京都生まれ。早稲田大学卒業。安田教育研究所代表として、講演・執筆・情報発信、セミナーの開催、コンサルティングなど幅広く活躍中

## 一番の違いは大学受験の有無

みなさんが大学附属校と進学校の違いとしてまずイメージするのは、大学受験の有無でしょう。

左ページの【表】には難関大学の附属校における内部進学率、および難関大学に多数の合格者を輩出している進学校の合格実績をまとめました。その【表】からもわかるように、難関大学の附属校では、多くの生徒が系列の大学へと進学していきます。学校ごとに人数は異なりますが、推薦制度により、大学受験をすることなく系列の大学へ入学できます。

しかし、ひとくちに大学附属校といっても、国立大学の附属校（※1）は、基本的に系列大学への推薦入学制度はなく、大学受験が必要となります（お茶の水女子大学附属と東京工業大学附属科学技術は若干名あり）。また、私立大学附属校のなかには一定の割合の生徒が他大学に進学する「半附属校や半進学校（※2）」と呼ばれる学校もあります。これらの学校は附属校ながら進学校としての側面を持っているといえます。

※1 高校入試を実施する首都圏のおもな国立大附属校
お茶の水女子大学附属（東京・女子校）
筑波大学附属（東京・共学校）
筑波大学附属駒場（東京・男子校）
筑波大学附属坂戸（埼玉・共学校）
東京学芸大学附属（東京・共学校）
東京藝術大学音楽学部附属音楽（東京・共学校）
東京工業大学附属科学技術（東京・共学校）
東京大学教育学部附属中等教育学校（東京・共学校、募集は若干名）
東京学芸大学附属国際中等教育学校（東京・共学校、高校からの編入は帰国生のみ）

※2
学習院高等科（東京・男子校）
國學院（東京・共学校）
國學院大學久我山（東京・別学校）
国際基督教大学高（東京・共学校）
成蹊（東京・共学校）
成城学園（東京・共学校）　など

国立大学附属校や半附属校に比べると、大学受験をすることなく難関大学へ進めるという点で【表】のような附属校は魅力に感じられると思います。とくに、2020年度から大学入試改革後に大学受験をする現在中学生のみなさんのなかには、大学入試改革後、入試の内容がどう変わるのか不安を感じている方もいるでしょうからなおさらです。

また、昨年度、政府の地方創生政策の一環で東京23区内の私立大学に対する定員厳格化により、早稲田大や慶應義塾大、MARCH（明治大、青山学院大、立教大、中央大、法政大）などの合格発表数が減少傾向にあり、高校受験の段階でこれらの附属校に入り、内部進学をした方がいいのではと考える方も増えています。

しかし、「大学受験をしなくていいから」という理由のみで附属校を選んでいいものなのでしょうか。

「確かに大学入試改革に対して不安を感じている方は多いでしょう。しかし、そう恐れることはありません。思考力・判断力・表現力が問われる新しい内容も含まれますが、これまでと同様の勉強を着実にこなし、思考力をつければ十分対応できると思います」と安田先生。

では、附属校にはどのような思いで入学すべきなのでしょうか。

「私は、附属校こそしっかりと自分を持っている人に入学してほしいと思います。内部進学できるので気持ちがゆるんで怠けてしまう人が出るからです。また、附属校は『この成績であればこの学部だな』『どうせ行けるなら看板学部に行った方がいいかな』と成績で進学する学部を選びがちです。みなさんにはそうではなく、自分はこの大学のこの学部・学科で学びたい、それを目標に高校時代も積極的に学ぶぞという強い意志を持って入学してほしいです。」（安田先生）

なお、附属校のなかには、系列の大学への推薦資格を保持したまま他大学を受験できる制度がある学校もあります。しかし、安田先生は、「それも強い意志が必要です。周りが受験をしないなかで受験勉強をし

## 難関大学附属校・系属校の内部進学率とおもな進学校の大学合格実績

### 附属校

| 校名 | 都県 | 系統 | 卒業生数 | 系列大への推薦進学者数 | 卒業生数における系列大進学者の割合 |
|---|---|---|---|---|---|
| **早稲田大学** | | | | | |
| 早稲田大学高等学院 | 東京 | 男子 | 474 | 470 | 99% |
| 早稲田大学本庄高等学院 | 埼玉 | 共学 | 346 | 343 | 99% |
| 早稲田実業学校高等部 | 東京 | 共学 | 387 | 377 | 97% |
| **慶應義塾大学** | | | | | |
| 慶應義塾 | 神奈川 | 男子 | 696 | 684 | 98% |
| 慶應義塾志木 | 埼玉 | 男子 | 279 | 277 | 99% |
| 慶應義塾湘南藤沢高等部 | 神奈川 | 共学 | 238 | 232 | 97% |
| 慶應義塾女子 | 東京 | 女子 | 非公表 | 188 | 非公表 |
| **明治大学** | | | | | |
| 明治大学付属明治 | 東京 | 共学 | 237 | 209 | 88% |
| 明治大学付属中野 | 東京 | 男子 | 395 | 292 | 74% |
| 明治大学付属中野八王子 | 東京 | 共学 | 307 | 247 | 80% |
| **青山学院大学** | | | | | |
| 青山学院高等部 | 東京 | 共学 | 394 | 319 | 81% |
| **立教大学** | | | | | |
| 立教池袋 | 東京 | 男子 | 144 | 127 | 88% |
| 立教新座 | 埼玉 | 男子 | 307 | 235 | 77% |
| **中央大学** | | | | | |
| 中央大学高 | 東京 | 共学 | 160 | 142 | 89% |
| 中央大学杉並 | 東京 | 共学 | 331 | 306 | 92% |
| 中央大学附属 | 東京 | 共学 | 369 | 320 | 87% |
| 中央大学附属横浜 | 神奈川 | 共学 | 253 | 183 | 72% |
| **法政大学** | | | | | |
| 法政大学高 | 東京 | 共学 | 229 | 202 | 88% |
| 法政大学第二 | 神奈川 | 共学 | 511 | 454 | 89% |
| 法政大学女子※ | 神奈川 | 女子 | 266 | 209 | 79% |

※2018年度より法政大学国際へ校名変更・共学化

### 進学校

| | 校名 | 都県 | 系統 | 卒業生数 | 国公立大学合格者数合計 | 早慶上理 GMARCH合格者数合計 |
|---|---|---|---|---|---|---|
| **東京** | | | | | | |
| 公立 | 青山 | 東京 | 共学 | 286 | 85(58) | 445(306) |
| 公立 | 国立 | 東京 | 共学 | 369 | 197(116) | 610(344) |
| 公立 | 立川 | 東京 | 共学 | 312 | 146(78) | 549(295) |
| 公立 | 戸山 | 東京 | 共学 | 357 | 157(115) | 489(350) |
| 公立 | 西 | 東京 | 共学 | 328 | 161(90) | 621(260) |
| 公立 | 八王子東 | 東京 | 共学 | 311 | 181(117) | 501(270) |
| 公立 | 日比谷 | 東京 | 共学 | 321 | 151(98) | 581(371) |
| 私立 | 開成 | 東京 | 男子 | 398 | 274(163) | 524(225) |
| 私立 | 城北 | 東京 | 男子 | 370 | 133(85) | 674(414) |
| 私立 | 巣鴨 | 東京 | 男子 | 259 | 72(20) | 301(119) |
| 私立 | 桐朋 | 東京 | 男子 | 329 | 130(65) | 510(200) |
| 私立 | 豊島岡女子学園 | 東京 | 女子 | 335 | 137(101) | 563(457) |
| **神奈川** | | | | | | |
| 公立 | 厚木 | 神奈川 | 共学 | 352 | 120(94) | 658(517) |
| 公立 | 川和 | 神奈川 | 共学 | 357 | 84(69) | 650(575) |
| 公立 | 湘南 | 神奈川 | 共学 | 355 | 182(112) | 818(481) |
| 公立 | 柏陽 | 神奈川 | 共学 | 314 | 133(104) | 614(516) |
| 公立 | 横浜翠嵐 | 神奈川 | 共学 | 354 | 201(146) | 738(550) |
| 公立 | 横浜緑ケ丘 | 神奈川 | 共学 | 280 | 54(46) | 482(416) |
| 私立 | 桐蔭学園 | 神奈川 | 別学＋中等教育 | 1062 | 179(102) | 1026(642) |
| 私立 | 桐光学園 | 神奈川 | 別学 | 589 | 122(99) | 849(675) |
| 私立 | 山手学院 | 神奈川 | 共学 | 447 | 66(59) | 727(632) |
| **千葉** | | | | | | |
| 公立 | 佐倉 | 千葉 | 共学 | 322 | 89(71) | 472(405) |
| 公立 | 県立千葉 | 千葉 | 共学 | 321 | 165(105) | 573(409) |
| 公立 | 千葉東 | 千葉 | 共学 | 364 | 162(106) | 677(494) |
| 公立 | 東葛飾 | 千葉 | 共学 | 324 | 154 | 607 |
| 公立 | 県立船橋 | 千葉 | 共学 | 370 | 199(134) | 577(396) |
| 私立 | 市川 | 千葉 | 共学 | 436 | 190(133) | 856(583) |
| 私立 | 渋谷教育学園幕張 | 千葉 | 共学 | 353 | 224(165) | 672(468) |
| 私立 | 昭和学院秀英 | 千葉 | 共学 | 312 | 79(64) | 564(472) |
| **埼玉** | | | | | | |
| 公立 | 県立浦和 | 埼玉 | 男子 | 362 | 263(100) | 701(168) |
| 公立 | 浦和第一女子 | 埼玉 | 女子 | 374 | 108(70) | 550(376) |
| 公立 | 大宮 | 埼玉 | 共学 | 402 | 185(133) | 677(482) |
| 公立 | 春日部 | 埼玉 | 男子 | 400 | 160(95) | 584(278) |
| 公立 | 県立川越 | 埼玉 | 男子 | 368 | 149(90) | 580(330) |
| 公立 | 川越女子 | 埼玉 | 女子 | 365 | 97(78) | 334(270) |
| 私立 | 開智 | 埼玉 | 共学 | 529 | 137(116) | 691(588) |
| 私立 | 春日部共栄 | 埼玉 | 共学 | 490 | 50(30) | 221(141) |
| 私立 | 栄東 | 埼玉 | 共学 | 495 | 219(181) | 866(685) |

数字は学校が公表した最新のもの。附属校の割合は四捨五入した数値。進学校の各合格者数合計の（　）内の数字は現役の人数

ていくのは大変なことですから、とりあえず推薦資格をとっておきたいという保険的な意味合いで附属校に進学するのはあまりおすすめできません。もし進路が決まっていないのであれば、私は進学校に進んだ方がいいと思います」と話されます。

進学校では、大学に進学するためには受験をしなければなりませんが、そのよさは、進学する大学が限られないという点です。自分の学びたい分野から私立大学はもちろん、国公立大学を選ぶことも可能です。そのため、生徒の進路にも多様性が生まれ、幅広い進路の卒業生と交流ができるのも魅力でしょう。進学校は、学校をあげて生徒の受験勉強をサポートしているため、工夫を凝らしたカリキュラムや学習内容で学力を高めていくことができます。

「さらに仲間の存在も大きく影響します。高2の秋ごろになれば、周りが自然と受験モードになりますから、たとえ勉強に身が入っていなかった人も、仲間に刺激をうけ、変われるはずです。」（安田先生）

### それぞれの工夫が光る カリキュラムや授業

カリキュラムの点からみると附属

校、進学校どちらにおいても多くの学校で、高2もしくは高3で文系、理系のコースを設けています。

ただし、進学校や前述した半附属校のなかには、入学時から志望する大学のレベル別にコースを設ける学校もあります。コースによってカリキュラムが異なったり、部活動の参加に規定があったりするので、事前にコースについてもしっかりと調べたうえで受験しましょう。

一方コースを設けない学校では、選択科目を豊富に用意し、生徒それぞれが進路に合わせた時間割を作れるように工夫されています。

附属校の授業の特徴は、英語以外の第二外国語を学ぶといった教養を深めるための講座や卒業論文に取り組む探究学習など、大学受験にとらわれない学びが行われていることです。また、進学学部決定後には、準備教育として、内定学部・学科に応じた大学での学びを先取りする授業を設定している場合もあります。

「附属校は大学受験がないぶん、ゆったりとした高校生活を送れると考える方もいるでしょう。しかし附属校とはいえ、近年はかなり勉強させているのが実情ですから、3年間を通して、大学で活躍できる力を身につけられます。」（安田先生）

進学校では、大多数の学校が授業の進度を早め、高3の夏休みまでに高校課程をほぼ修了します。その後の時間は大学受験に向けた対策に使い、生徒の受験勉強をサポートしています。また補習や講習が充実している学校も多くあります。

さらに安田先生によると、【表】にあげたような進学校でも、附属校と同様に、探究学習が行われているそうです。例えば24ページに登場する県立千葉の千葉高ノーベル賞に関する取り組みや、市川の哲学や社会科学の古典を読む取り組みなどです。

「探究学習で身につく自ら課題を見つけ解決していく力は、大学、そして社会に出てからも必要になりますから、附属校、進学校、どちらの場合でも、『探究学習』をしているかどうかは、志望校選びの1つのキーワードになると思います。」（安田先生）

## 学習以外でも個性豊かな取り組みが

附属校は系列の大学があるため、国立大学、私立大学にかかわらず、高大連携教育が充実しているところがめだちます。

とくに前ページの【表】にある附属校では、進学学部選択のために、各学部の教授が学部・学科の特徴を説明するガイダンスや、教授による模擬講義を行ったり、実際に大学の雰囲気を知ってもらうために、大学の研究室見学などを開催しています。なかには、大学の講義を一部聴講できる制度を設けている附属校もあります。大学生といっしょに講義を受け、大学の学びを肌で感じる貴重な機会であるだけでなく、これらの制度ではほとんどの場合、単位を取得すれば、大学進学後にそのまま大学の単位として認められるのも嬉しいポイントです。

そのほか、スーパーサイエンスハイスクール（SSH）やスーパーグローバルハイスクール（SGH）に指定されている附属校は、その取り組みの一環として大学との連携教育を行っています。

「進学校は附属校に比べて大学との結びつきが弱いと思われがちですが、SSHやSGHに指定されている学校は、さまざまな大学と連携しながら特色あるプログラムを実践しているので、サイエンス教育や国際理解教育に興味のある人は、SSHやSGHの指定校を選ぶのもおすすめです。

さらに各大学を実際に訪れる見学会や大学教授を招いての模擬講義、キャリア教育として色々な職業に触れるプログラムなどを実施しているので、それらに参加しながら、自分の学びたい分野、行きたい大学を見つけていくことができます。」（安田先生）

続いて、行事や部活動など、課外活動について見ていきましょう。

まず附属校の魅力は、なんといっても大学受験をせずに系列大学に進学する場合、行事や部活動などに3年間集中して取り組むことができる点でしょう。文化祭はステージ企画やクラス企画、各クラブによる活動発表など、毎年多彩な企画で盛り上がり、なかには、早稲田大学高等学院の学院祭のように、毎年約1万人が来場する学校もあります。

大半の附属校は部活動の数も豊富で、例えば慶應義塾高は約80もの部があり、高校には珍しい自動車部や馬術部、航空部、サイクリング部などもあるというから驚きです。甲子園常連の早稲田実業学校の野球部をはじめ、運動部・文化部ともに、優秀な成績を収めている部も数多く見られます。

行事や部活動が盛んなことでは、進学校も負けていません。13ページで紹介する開成の運動会は、生徒が丸1年かけて準備する熱の入った行事ですし、高3の全クラスが演劇に取り組む都立国立の文化祭も全国的に有名です。県立川越の水泳部が文化祭で披露する男子シンクロナイズドスイミングは、映画『ウォーターボーイズ』のモデルになりました。

また、【表】にあるような進学校では、勉強と部活動の両立をめざしており、安田先生も「これらの進学校の生徒は、授業は授業で集中して受けて、放課後はすぐに部活動の練習が始められるように事前にメニューを考えておくなど、限りある時間を有効活用するために、それぞれ工夫をしていると感じます。ですから、気持ちの切り替えや、時間の使い方がうまい生徒が多いですね。中学時代はそれほど切り替えが上手なタイプではなかった生徒が、周りからいい影響を受けて成長した例もあります」と話されます。

ここまで見てきた以外にも附属校は進学校に比べて施設・設備が充実している、進学校は附属校に比べて学費が安いなど、それぞれの魅力があります。

## まとめ

**いかがでしたか？　改めてそれぞれのメリットを整理しておきましょう。**
**最後に安田先生からみなさんに向けたメッセージもいただきました。**

### 附属校のメリット

・大学受験をすることなく大学へ進める
・教養を深める学びを体験できる
・高大連携教育が充実している
・３年間部活動や行事に打ち込める

### 進学校のメリット

・高校入学後に幅広い選択肢のなかから進路を決められる
・難関大学合格のためのサポート体制が整っている
・時間を有効活用できる力が身につく

大学附属校を選ぶにしろ、進学校を選ぶにしろ、どこに進学してもその学校のよさを活かせるかどうかは自分次第だと思います。

新しい大学入試は思考力・判断力・表現力を問う内容ですが、高校入試でも少しずつその傾向が見られます。どのような問題かというと、１つの正答があるのではなく、自分の考えを説得性のある形で表現できるかどうかが問われるようなものです。こうした力は、大学受験だけでなく、社会のさまざまな場面で役に立ちますから、進学校をめざす人はもちろん、附属校をめざす人も、いまから自分と向きあう時間を持ち、日常生活のなかで色々なことに関心を持つようにしましょう。

**新刊案内**　受験生を持つ親に贈る
グローバル教育出版の本

## 子育てのベテランがつづった

A5判　256ページ
並製　ソフトカバー
定価:本体2,000円＋税
ISBN978-4-86512-118-6

●淡路雅夫 著

# お父さん　お母さん
# 気づいていますか？
# 子どものこころ

**娘の気持ち**
**息子のホンネ**
気づいていますか

進学校の教員、校長として、いつも中高生のそばいた著者が「子育てに流行(はや)りはない」という持論を幹に、ご父母に語りかけます。「これからの社会は、ますます子育てに正解のない時代になります。親は、子どもに寄り添いながら、自分の生き方も考えていかなければならない時代です。社会の一員として、新しい時代にふさわしい子どもの学力や社会的人材を育成する意識を持って、子どもを育ててほしいと願っています」……………………淡路雅夫

淡路 雅夫（あわじ　まさお）淡路子育て支援教育研究所主宰。國學院大学・同大学院修了。私立浅野中学・高等学校（神奈川県）の校長歴任後、大学で教員志望学生への教職アドバイザーを務める。講演、執筆活動を通して私学支援を行う。専門分野は子どもの教育・福祉を中心とした家族・親子問題。著書に『児童福祉概論』（八千代出版）、『人に育てられて生きる』（社会評論社）、『お母さんにはわからない思春期の男の子の育て方』（中経出版）、『先生! 子どもが元気に育っていますか?』（弊社）その他。

- **第1章**　子どもの育つ環境が変わっていることに気づいて
- **第2章**　親の生活格差の拡大と子どもの生活
- **第3章**　子育ては、対症療法の指導から教育的対応の時代へ
- **第4章**　伸びる子どもには、共通点がある
- **第5章**　子どもに豊かなキャリアを
- **第6章**　女性の時代と人生100年の学びを
- **第7章**　子どもを育てるのは何のため
- **第8章**　親が気づかない「子どもの心」

※第８章では、本書の半分のページを割いて、親が具体的に直面する、身近な課題、疑問など約30の問題について取り上げ、著者が「Q＆A方式」で答えます。あなたへの答えが、きっとここにあります。

ご注文ダイヤル ☎03-3253-5944　インターネットでの注文も承っております。http://www.g-ap.com/　グローバル教育出版

街の歩き方が変わる!?

# 東京名建築案内

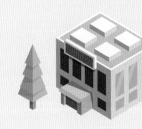

歴史を感じる西洋建築から最新の建築技術を集めた超高層ビルまで、日本の首都・東京にはさまざまな建築物が建てられています。このページでは、一級建築士の方にお聞きした、中学生のみなさんに見てほしい東京の名建築を厳選して紹介します。「建築」という視点で街を見ることで、新たな発見に出会えるはずです。

## 日本の近代・現代建築のあゆみ

今回お話をお聞きしたのは、戸田建設株式会社建設設計統轄部・計画設計部部長を務める一級建築士の堀内信男さんです。まずは、日本の建築のあゆみについて伺いました。

「日本の近代建築は１８００年代から戦後までと言われており、明治政府に推し進められたことに端を発した西洋化された建築をさします。戦後以降は現代建築と呼ばれ、それまでの西洋的な様式の建築は少なくなり、鉄筋コンクリート造や鉄骨造などの超高層ビルなどが建てられていきます。」（堀内さん）

それでは、近年の日本の建築に見られる特徴はあるのでしょうか。

「日本は地震が多い国なので、免震や制振技術は非常に発達しています。最近作られたビルはもちろん、古い価値のある建物の保存のために、土台を免震構造にする工事を行うことも多くなっています。もう1つの傾向として、環境問題に配慮した建物が増えている点もあげられます。壁の内側に断熱層を入れたり、屋根に太陽光パネルを乗せる、などがそうです。地震と環境にどう立ち向かうかが今後の建築界の大きな課題です。」（堀内さん）

次のページでは、堀内さんおすすめの東京の名建築をご紹介します。

Masterpieces of Architecture in tokyo

# 東京の名建築

近現代の東京の名建築を紹介！ よく知っているあの建物も「建築」という視点で見ると、新たな発見があるかも？

## 東京駅丸の内駅舎

### 東京の玄関として鎮座するシンボリックな建築物

東京駅丸の内駅舎　JR東日本提供

毎日多くの人々が利用する東京駅。そのシンボルとして親しまれている建物が、東京駅丸の内駅舎です。東京駅の丸の内中央口側、皇居に向かうように建てられた、レンガの赤と窓枠などの白の対比が美しい駅舎は、長さ約330m。近くに立つと視界に建物がすべて入りきらないほどの横幅があり、どっしりとした重厚感が漂います。

竣工は1914年（大正３年）。明治を代表する建築家・辰野金吾が設計しました。18世紀のイギリスで流行したクイーン・アン様式を色濃く反映しながら、左右に帽子のようなドームを配置した外観が特徴です。1945年（昭和20年）に空襲でドームと３階部分が焼け落ち、戦後は２階建てとして使用されていましたが、2012年（平成24年）に復原改修が完成。失われた部分も元通りになりました。免震化も実施され、竣工当時の姿を残しつつ耐震性はアップしています。「首都・東京の玄関にふさわしい歴史を感じる建物だと思います」（堀内さん）。

東京都千代田区丸の内1-9-1
JR各線・地下鉄丸ノ内線「東京駅」
http://www.tokyostationcity.com/

### 建物を見学する際の注意！

●見学は、それぞれの建物が一般公開されている時間に行ってください。各施設のホームページを見るなど、事前に確認してから訪れるようにしましょう。決められた時間以外は無断で敷地内に入らないようにしてください。
●写真撮影やスケッチなどが許可されてない建物もあります。施設ごとのルールに従って見学しましょう。
●そのほか、大声で話したり、通路をふさいで立ち止まったり、建物を利用している方々の迷惑になるような行動は慎みましょう。

## 国立西洋美術館本館

### 世界遺産に登録された日本唯一のル・コルビュジエ建築

©国立西洋美術館

2016年（平成28年）に「ル・コルビュジエの建築作品 ―近代建築運動への顕著な貢献―」の構成資産の1つとして世界文化遺産に登録された国立西洋美術館。竣工は戦後の高度経済成長のただ中にあった1959年（昭和34年）。近代建築の巨匠、ル・コルビュジエが設計した建物は、日本ではここだけです。ピロティのある外観や三角形のトップライト（明りとりの窓）、内部のスロープなど見どころもたくさん。「鉄やコンクリートを用いるモダニズム建築を体現したようなたくましさを感じるデザインです」（堀内さん）。

東京都台東区上野公園7-7
JR山手線ほか「上野駅」徒歩１分
http://www.nmwa.go.jp/
開館情報についてはHP等でご確認ください

## 三菱一号館美術館　東京都庭園美術館

### 趣ある近代建築をいまに伝える美術館

©三菱一号館美術館

趣ある建築が美術館として活用されている例を紹介します。三菱一号館美術館（写真上）は1894年（明治27年）竣工の建物を2009年（平成21年）に可能な限り忠実に復原したもの。「復原されたものですが、当時の雰囲気を感じられる素敵な建物です」（堀内さん）。もう１つは昭和初期、1933年（昭和８年）竣工の東京都庭園美術館。もとは皇族の朝香宮鳩彦王の邸宅で、当時人気のあったアール・デコ（西洋で流行した装飾様式）を取り入れた瀟洒な建物。「アール・デコの内装がすばらしいです」（堀内さん）。

東京都庭園美術館　本館　大客室

**三菱一号館美術館**
東京都千代田区丸の内2-6-2
地下鉄千代田線「二重橋前駅」・都営三田線「日比谷駅」徒歩３分
http://mimt.jp/
開館情報についてはHP等でご確認ください

**東京都庭園美術館**
東京都港区白金台5-21-9
都営三田線・地下鉄南北線「白金台駅」徒歩６分
http://www.teien-art-museum.ne.jp/
開館情報についてはHP等でご確認ください

## 東京スカイツリー®
### 世界一の高さを誇る自立式電波塔

東京スカイツリー　©TOKYO-SKYTREE

東京スカイツリーは、2012年（平成24年）に竣工した電波塔で、高さは634mと、自立式電波塔としては世界一の建物です。「三角形の網の目状の鋼管トラス構造※1や心柱制振機構※2など、現代の日本の建築技術の粋を集めた建造物だと思います。強度を重視した構造と塔のシルエットなどのデザインとのマッチングも感じます。また、東京の大きな観光の目玉となった集客力や存在感も見逃せません」（堀内さん）。

※1 筒形に成形した鋼（鋼管）を接合させて作る構造形式。耐久性に優れている。
※2 地震や強風時の揺れに強い制振構造。

東京都墨田区押上1-1-13
東武スカイツリーライン「とうきょうスカイツリー駅」、地下鉄半蔵門線「押上駅」直結
http://www.tokyo-skytree.jp/

## 日生劇場
### 観劇への期待を高める個性的なデザイン

1963年（昭和38年）、オフィスビルとして竣工された日本生命日比谷ビル内に併設された日生劇場。設計者村野藤吾による、アコヤ貝やモザイクタイルで彩られた劇場内や、赤いじゅうたんが印象的な客席ロビーなど、随所にわくわくするような装飾がちりばめられたデザインが魅力。「劇場内の天井や壁はうねりのある洞窟のような雰囲気でおもしろいです」（堀内さん）。

東京都千代田区有楽町1-1-1
地下鉄千代田線・日比谷線・都営三田線「日比谷駅」徒歩1分
http://www.nissaytheatre.or.jp/

日生劇場　劇場内客席

## 東京カテドラル聖マリア大聖堂
### 神々しさをたたえたモダン建築の名作

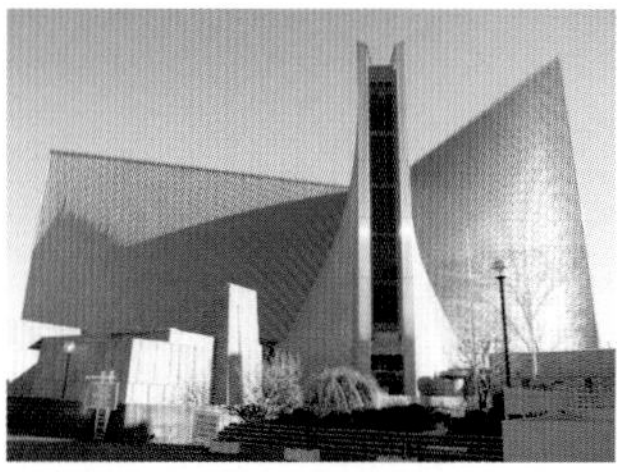
東京カテドラル聖マリア大聖堂

銀色の翼を広げた鳥のような外観が目を引く建物は、1964年（昭和39年）竣工、丹下健三が設計したカトリックの聖堂です。「上から見ると十字架の形をしています。HPシェル構造という薄い曲面板を用いた構造と、教会という精神性が見事に融合した、非常に特徴ある優れた建築だと感じます」（堀内さん）。

※聖堂は祈りの場です。静かに見学しましょう。

東京都文京区関口3-16-15
地下鉄有楽町線「江戸川橋駅」徒歩15分
http://cathedral-sekiguchi.jp/

## 国立新美術館　表参道ヒルズ
### 2000年代竣工 東京の新名所

国立新美術館

表参道ヒルズ

2000年代に入り、新たな名建築もどんどん表れています。どちらも2006年（平成18年）に竣工し、東京の新名所として定着した2つの建物を紹介します。竣工翌年に開館した、ガラスの素材感と曲面のデザインを活かした美しさが魅力の国立新美術館は黒川紀章の設計。一方、商業施設部分にある、吹き抜けの内部空間が魅力の表参道ヒルズは安藤忠雄の設計です。「なかに入ると、地下3階から地上3階までの吹き抜けが広がり、感動を呼びます。表参道のケヤキ並木と建物の高さを合わせるため、地下空間を活用し、表参道というファッショナブルな街に合った商業施設を完成させた、街づくりのアイデアが見事です」（堀内さん）。

**国立新美術館**
東京都港区六本木7-22-2
地下鉄千代田線「乃木坂駅」直結
http://www.nact.jp
開館情報についてはHP等でご確認ください

**表参道ヒルズ**
東京都渋谷区神宮前4-12-10
地下鉄銀座線・千代田線・半蔵門線「表参道駅」徒歩2分
http://www.omotesandohills.com/

## 建築を見るときのポイントは？

実際に建物を鑑賞する際のポイントを伺いました。

「まず見るのは、その建物と街並みとの関係です。周辺地域の雰囲気と合っているのか、それとも全然関係がなく異様な感じに建てているのかを見ます。好みは人それぞれですが、私は周囲と調和しつつも、建築としての存在感がしっかりとあるものが好きですね。

そして実際に建物に入り、雰囲気を味わってみてください。私は利用する人の目線で、機能面や使い勝手を見たりもします。

建物に入ってみて心地いいか、眺めてみてどう感じるのか、デザインは好きか嫌いか。そういった感想を積み重ねることで、自分の好みがわかると同時に、建築を見る目も養われると思います。

今回紹介したのは有名な建物ですが、みなさんの住んでいる街にも、きっと素敵な建物はあります。好きな建物を探すように意識して街を歩くことで、建築がより身近なものとして感じられるようになるのではないでしょうか。」（堀内さん）

東京都　荒川区　男子校

# 開成高等学校

KAISEI SENIOR HIGH SCHOOL

## 素質を花開かせ社会に貢献する「開物成務」の実現をめざして

**School Data**

所在地 ▶ 東京都荒川区西日暮里4-2-4

アクセス ▶ JR山手線、京浜東北線、地下鉄千代田線、日暮里・舎人ライナー「西日暮里駅」徒歩1分

生徒数 ▶ 男子1200名

TEL ▶ 03-3822-0741

URL ▶ http://kaiseigakuen.jp/

- ●3学期制　●週6日制
- ●月～金6時限（高校は7・8時限が選択授業）、土4時限
- ●50分授業　●1学年8クラス
- ●1クラス約50名

毎年全国最多の東京大合格者数を輩出し、注目を浴び続ける開成高等学校。長い歴史を築き、間もなく創立150周年の節目を迎えようとしています。めまぐるしく変化する時代のなかで、同校が変わらず受け継いできた理念、「開物成務（かいぶつせいむ）」。それは、どんな教育を意味しているのでしょうか。

柳沢（やなぎさわ） 幸雄（ゆきお） 校長先生

## 時代がどんなに変わっても開成の姿勢は変わらない

開成高等学校の始まりは、1871年（明治4年）。創立当初、共立学校とつけられた校名は、1895年（明治28年）に東京開成中学校と改名。その後、1947年（昭和22年）に開成中学校、1948年（昭和23年）に開成高等学校（以下、開成）が発足しました。長い歴史を持つ開成に、かつて生徒として、OBとして、そしていまは校長としてかかわり続ける柳沢幸雄校長先生は、「時代は変わっても、開成の姿勢は変わりません。それは、本校のめざす教育のゴールが変わらないからです」と明言します。

では、開成教育のゴールとは、どんなものなのでしょうか。開成では、創立から140年以上にわたり、「開物成務」「ペンは剣よりも強し」「質実剛健」という教育理念が脈々と受け継がれてきました。とりわけ強く意識されているのが「開物成務」で、校名の由来にもなっています。この言葉は、「物を開いて、務めを成す」という意味をもちます。

「私たちの役割は、『物』＝『生徒の素質』を花開かせて、『務め』＝『社会への貢献』を果たせる大人に育てること。〝花開く〟とは、生徒が『自分は将来こうなりたい』と言えるようになることをいいます。それこそが、本校がめざす教育のゴールなのです。」（柳沢校長先生）

### 施設

天体観測ドーム

第2グラウンド

図書館

校舎

航空写真

西日暮里駅から徒歩1分という立地も魅力。2016年（平成28年）には第2グラウンドの整備工事が行われ、人工芝のグラウンドが完成しました。

## 力量を備えた教員陣がゴールに向かう道筋を描く

開成の教育カリキュラムは、学習指導要領に則ったうえで、授業の教え方や教材は教科担当の教員にすべて委ねられます。そのため、学年ごとに教わり方は違っています。

「めざすゴールは同じでも、生徒たちの育つ環境は時代によって異なります。ですから、ゴールにいたるまでの道筋は変えていかなければなりません。その時代、その学年に応じた授業を展開していくのが、本校のやり方です。」（柳沢校長先生）

こうした教育カリキュラムを実践していくには、教員の力量が不可欠です。

柳沢校長先生によれば、とくに重要視しているのは、「学問的な知識の深さ」と、「それを生徒に伝える技術」。加えて、「就任後、一度は中学1年生から高校3年生まで6年間を通して生徒を受け持つことが望ましい」とのこと。

「開成生は、中学生のころどんなに幼くても、高校生になると必ずリーダーシップが取れるように頼もしくなります。その成長を一度でも見届ければ、先生方の目線も自然と変わってきます。」（柳沢校長先生）

## 多様性のある集団のなかで生徒の自主自律が養われる

開成教育の方法論には、1つの基軸があります。それは、生徒の自主性・自律性を高める、「自主自律」です。その基軸を貫くには、多様性のある生徒集団が欠かせません。そのため、開成では基本的に少人数制教育を導入していないといいます。

「すべての授業科目に少人数が適しているかというと、そんなことはありません。近年、少人数制教育の目

## 文化祭

エコカー同好会

クイズ研究部

文化祭準備委員会

開成管弦楽団

地質部

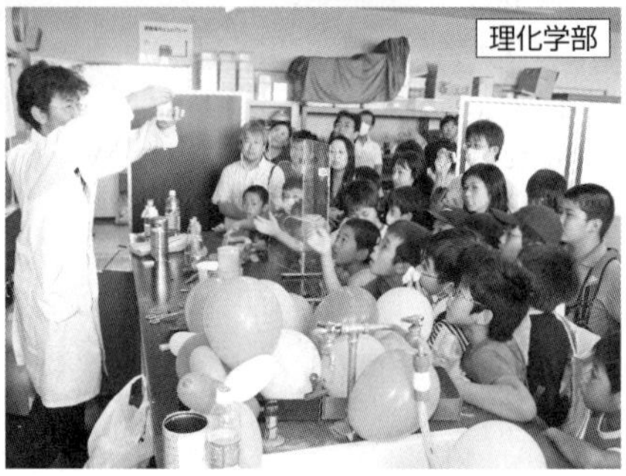
理化学部

９月に開催される文化祭。毎年多くの来場者でにぎわいます。企画・運営・演出などが生徒の自主性にゆだねられている点が特徴です。

的の1つにアクティブラーニングの実践があげられていますが、アクティブラーニングに必要なのは少人数であることではなく、生徒が発言できることです。そのためには、むしろ多様なある程度まとまった数の生徒集団があった方がいい。それをうまく機能させられるかどうかは、教える側の能力と力量次第です。」（柳沢校長先生）

　また、こうした「自主自律」のもとに展開される授業には、もう1つメリットがあります。それは、生徒同士が発言しあうことで、それぞれの秀でた才能に気づき、尊敬しあうことができるということです。

「本校の生徒の多くは、小学校や中学校でトップの成績を修めてきた子です。なかには、『勉強のできる生徒は発言を控えた方がいい』という雰囲気を感じ取り、授業中に手をあげないようにしていた子もいます。そういう子も含め、開成ではだれもがためらいなく発言できるので、得意なことを思いきり発揮しあえるのです。」（柳沢校長先生）

### 開成ではどんな生徒にも必ず「居場所」がある

　多様性を重視する開成では、高校からの入学生を毎年受け入れています。開成中からの内進生３００名に対し、高入生は１００名で、1学年の4分の1という割合。高校1年次は高入生のみのクラス、高校2年次以降は混合クラスが編成されます。最初の1年間、高入生のみのクラスを用意するのには理由があります。1つは、学習の進度を調整するため。そして、もう1つは、高入生に「居場所」をつくるためだといいます。

「入学後、まずは気兼ねなく『わらじを脱げる』場所が必要です。それから、各々の意向で、内進生とともにクラブに勤しんだり、委員会に参加したり、行事を楽しんだりします。そうすると、最初は教室が『居場所』だった生徒たちが、教室の外に新たな『居場所』を見つけてくるようになるのです。」（柳沢校長先生）

　2年目からは、学校生活のすべてにおいて、高入生と内進生の区別がなくなります。卒業するころには、クラス担当の教員でさえ、「だれが高入生で、だれが内進生かわからない」とのこと。また、学力にも差はなくなります。例えば、東京大合格者の割合をみると、「高入生：内進生＝1：3」ということが多く、母数の割合とほぼ同じです。

## 運動会

5月の運動会も、文化祭同様に生徒の手によって作りあげられる行事です。男子校らしくパワフルな熱気に包まれるイベントです。

開会式

棒倒し

騎馬戦

リレー

## 行事

全校生徒で行う開成マラソンや、筑波大附属とのボートレースなど、青春を彩る色々な行事があります。

開成マラソン

ボートレース

ボートレース応援団

画像提供：開成高等学校

## OBの活躍をヒントに自らの未来を切り開く

進路指導については、「特別なことはなにもしていない」と話す柳沢校長先生。そのかわり、「学校生活全体を通して、生徒自らが『自分はこれをやりたい』と主張できるよう導く環境を用意している」といいます。

また、生徒が「やりたい」と主張したことについて相談に乗り、実現までの道筋をいっしょに考え、アドバイスをします。

OBとの交流も活発です。高校1年生をはじめ色々な学年で行われるキャリア教育「ようこそ先輩」では、各界で活躍するOBを招き、どのような学校生活を送り、どのように進路選択したかを話してもらいます。また、生徒たちは、クラブや委員会で親しくなったOBからも日常的に話を聞き、多く刺激を受けています。最近では、海外での学校生活を経験したOBの影響で、海外へ行くことを希望する生徒が増えているといいます。

「本校では、海外の学校との提携もありませんし、留学を推進する指導も行っていません。その選択も含め、『自主自律』が大事であると考えているからです。しかし、OBが語るエピソードは多くの生徒たちに影響を与えます。彼らにとっては、少し難しそうなことでも、同じ学校を卒業した先輩がかなえたと思うと、自分もやればできる、やってみたいと思うのでしょうね。」（柳沢校長先生）

最後に、受験生のみなさんにメッセージをいただきました。

「開成で大切にしていることは、いい成績を取ることではありません。自主性、自律性を磨くことです。たとえ、成績が振るわなくても、毎日を楽しく過ごし、卒業していけば十分社会で通用します。自分らしい人生の土台を作りたいと思っている方は、ぜひ本校でその土台を作ってみませんか。」（柳沢校長先生）

**2017年度（平成29年度）大学合格実績**（ ）内は既卒

| 大学名 | 合格者 | 大学名 | 合格者 |
|---|---|---|---|
| 国公立大学 | | 私立大学 | |
| 北海道大 | 10(4) | 早稲田大 | 195(110) |
| 東北大 | 7(4) | 慶應義塾大 | 170(83) |
| 筑波大 | 6(1) | 上智大 | 17(4) |
| 千葉大 | 22(11) | 東京理科大 | 66(40) |
| 東京大 | 161(58) | 学習院大 | 1(1) |
| 東京医科歯科大 | 12(4) | 中央大 | 24(18) |
| 東京海洋大 | 1(0) | 法政大 | 8(6) |
| 東京学芸大 | 1(1) | 明治大 | 41(35) |
| 東京工大 | 9(2) | 立教大 | 2(2) |
| 東京農工大 | 5(5) | 国際基督教大 | 2(2) |
| 一橋大 | 9(2) | 東京慈恵会医科大 | 21(7) |
| 横浜国立大 | 7(5) | 順天堂大 | 18(8) |
| 京都大 | 10(5) | 海外の大学 | 22(0) |

School Navi
No. 275

東京都　八王子市　共学校

# 明治大学付属中野八王子高等学校

（めいじだいがくふぞくなかのはちおうじ）

**School Data**

| | |
|---|---|
| 所在地 | 東京都八王子市戸吹町1100 |
| 生徒数 | 男子468名、女子466名 |
| TEL | 042-691-0321 |
| URL | http://www.mnh.ed.jp/ |
| アクセス | JR中央線ほか「八王子駅」、京王線「京王八王子駅」、JR青梅線ほか「拝島駅」、JR五日市線「秋川駅」スクールバス |

## 恵まれた環境で大学につながる学びを

明治大学の付属校である明治大学付属中野八王子高等学校（以下、明大中野八王子）。建学の精神である「質実剛毅」「協同自治」に基づき、「自律／自立学習者の育成」をめざしています。

7万坪を超える広々としたキャンパスは2つの自然公園に隣接しており、四季を感じながら伸びのびと過ごすことができます。もちろん施設も充実。約1500席ある講堂や剣道場と柔道場からなる武道館、化学・生物・物理の各実験室、45畳の畳敷きの作法室などがあります。普通教室にはコンピュータとプロジェクターも設置されています。

こうした施設を活用しながら、勉強だけでなく、行事や部活動にも積極的に取り組める学校です。

### 補習や講習が充実 大学との連携も魅力

明大中野八王子では、高1は共通履修で学びながら幅広い教養や知性を身につけ、高2から文系と理系のコースに分かれます。両コースとも、大学での学びにつながるよう指導することが大切にされています。

例えば文系では、法学部や経営学部などに進学する場合でも理数の素養が求められるため、数学、さらには理科も履修するようにカリキュラムが組まれています。理系では、物理、化学、生物の3科目を必修とし、大学での学びに必要となる知識や考え方も養います。

補習や講習が充実しているのも特徴で、高1から長期休暇のみならず、普段の日の放課後にも行われています。さらに検定試験の受検も奨励しており、簿記検定や英検などの対策講座が実施されています。

また、明治大各学部の公開授業や法学部の法曹入門講座、司法試験予備試験対策講座、理工学部や総合数理学部の実験教室といった高大連携教育が行われているのも付属校ならではの魅力でしょう。

高校卒業後は、明治大へと推薦入学できる制度があり、2018年度（平成30年度）は約85％が進学します。その一方で、生徒の希望や実力を尊重し、明治大への推薦入学資格を保持したまま、国公立大学、7つの大学校を受験できる国公立大学併願制度も整えられています。

明治大学付属中野八王子高等学校は、恵まれた環境で、大学進学後に必要となる力を身につけられる学校です。

School Navi
No. 276

東京都　新宿区　男子校

# 保善(ほぜん)高等学校

**School Data**

| | |
|---|---|
| 所在地 | 東京都新宿区大久保3-6-2 |
| 生徒数 | 男子のみ947名 |
| TEL | 03-3209-8756 |
| URL | http://www.hozen.ed.jp/index.html |
| アクセス | 地下鉄副都心線「西早稲田駅」徒歩７分、JR山手線・西武新宿線・地下鉄東西線「高田馬場駅」徒歩８分 |

## 勉強もクラブ活動も全力投球の男子校

東京・新宿区という都心に位置しながらも戸山公園に隣接する落ち着いた環境にある保善高等学校（以下、保善）。生徒たちは、希望の大学をめざして勉強に励むとともに、クラブ活動にも全力で取り組みながら、充実した日々を送っています。

### 志望大学別に編成された3つのクラス

保善では、第1志望の大学に向けた指導を効果的に行うために、高1から「特別進学クラス」「大進選抜クラス」「大学進学クラス」に分かれて学習を進めていきます。

国公立大学や難関私立大学をめざす「特別進学クラス」は、週2回の7時間授業の実施などで、高い学力を養成していきます。高3からは国公立コース、難関私立コースに分かれ、それぞれの入試で必要とされる応用力を磨いていきます。

2017年度（平成29年度）からは同クラスで、総合的な学習の時間に「未来考動塾」を行っています。「知識を活用する」ことが求められるこれからの時代に対応できる力を育むために、高1からさまざまな教科横断型学習などに取り組み、高3で最終的に論文を執筆します。

「大進選抜クラス」の目標はG-MARCHレベルの大学の合格です。高2からは文系クラス・理系クラスに分かれ、文系は国語・英語・社会、理系は数学・英語・理科を中心にしたカリキュラムを履修します。

「大学進学クラス」は中堅以上の私立大学への進学をめざします。基本のカリキュラムは大進選抜クラスと同じですが、大進選抜クラスに比べて、基礎学力の定着に力を入れているのが特徴です。

また、全クラスを対象に、放課後や夏休み、冬休みなどには講習を開き、定期テストに加えて「月例テスト」を実施、ホームページ上で映像授業が受けられる「Webチャレンジ講座」を開設するなど、学習サポートは授業以外の場にもおよびます。

そしてクラブは、全国大会出場をめざす強化指定クラブのラグビー部、バスケットボール部、空手道部、陸上競技部、サッカー部を含む14の運動部、20の文化部（同好会含む）があり、どのクラブも伸びのびと活動しています。

2017年度はクラブ加入者の85％が4年制大学に現役で進学と、まさに文武両道を実践する保善高等学校です。

さとう おさむ
佐藤 宰 校長先生

**School Data**

◆**所在地**
千葉県千葉市中央区葛城1-5-2

◆**アクセス**
JR外房線・内房線「本千葉駅」、千葉都市モノレール「県庁前駅」徒歩10分

◆**TEL**
043-227-7434

◆**生徒数**
男子563名、女子407名

◆**URL**
https://www.chiba-c.ed.jp/chiba-h/indexz.html

- ３学期制
- 週５日制
- 月・木６時限、火・水・金７時限
- 50分授業
- １学年８クラス
- １クラス約40名

FOCUS ON

千葉県立

# 千葉高等学校

CHIBA HIGH SCHOOL

## 「自主自律」の精神を備えた心豊かな次代のリーダーに

社会でリーダーとして活躍する人材を育成する千葉県立千葉高等学校は、文武両道を貫く千葉県を代表する伝統校です。併設型中高一貫校のスタートから10年が経ち、内進生と外進生が「自主自律」の校風のなかで切磋琢磨しあいながら、伝統校を進化させています。

### 3つの教育目標をもとに時代に即した教育を実践

1878年（明治11年）に千葉県師範学校内に千葉中学校として創立された千葉県立千葉高等学校（以下、県立千葉）は、1899年（明治32年）に現在地に移転後、校名変更や共学化を経て、2008年（平成20年）に千葉県立千葉中学校を併設。併設型中高一貫教育校になって10年が経ちました。教育の柱には「自主自律」を掲げ、次の3つの教育目標に沿った教育を行っています。

1、民主的国家社会の有為な形成者として必要な資質を得るため、社会に対する広く深い理解と健全な批判力及び一般的教養を養成する。

2、自主的精神に富み、かつ自他の敬愛と協力によって、文化の創造と発展に貢献する円満にして豊かな個性を確立する。

3、平和と人類の福祉に寄与し、真理と正義を愛して勤労と責任を重んずる実践力並びに健康な身体を育成する。

佐藤宰校長先生は「大学入試センター試験に代わる大学入学共通テストの導入をはじめ、いま、さまざまな場で教育改革が進んでいます。それらの改革は、先行き不透明な時代を生きるうえで、色々な課題に対して自分で解決策を見出し、他者と協力しながら立ち向かっていく力を培うためのものです。本校の3つの教育目標にはその力を育成するために必要なことがすべて書かれています。国の教育改革に先んじて、これからの時代に対応できる力を養う教育を創立当初から行ってきたので、大学入試改革に対してもいままで実践してきた教育活動で十分対応できると確信しています」と話されます。

### 文理を幅広く学ぶ「重厚な教養主義」

併設の中学から進学してくる内進生80名と高校入試を経て入学する外進生は高1からいっしょのクラス編成です。内進生は中学で先取り教育をしていないため、外進生と同じスタートを切れるのです。

「外進生のなかには、内進生の学力についていけるか心配する子もいますが、内進生も受験競争を勝ち抜いてきた外進生のような強さが自分にあるのかを心配しています。そうした生徒たちが高1から同じクラスで過ごすことによって、お互いの足りないところは補いあい、お互いのよ

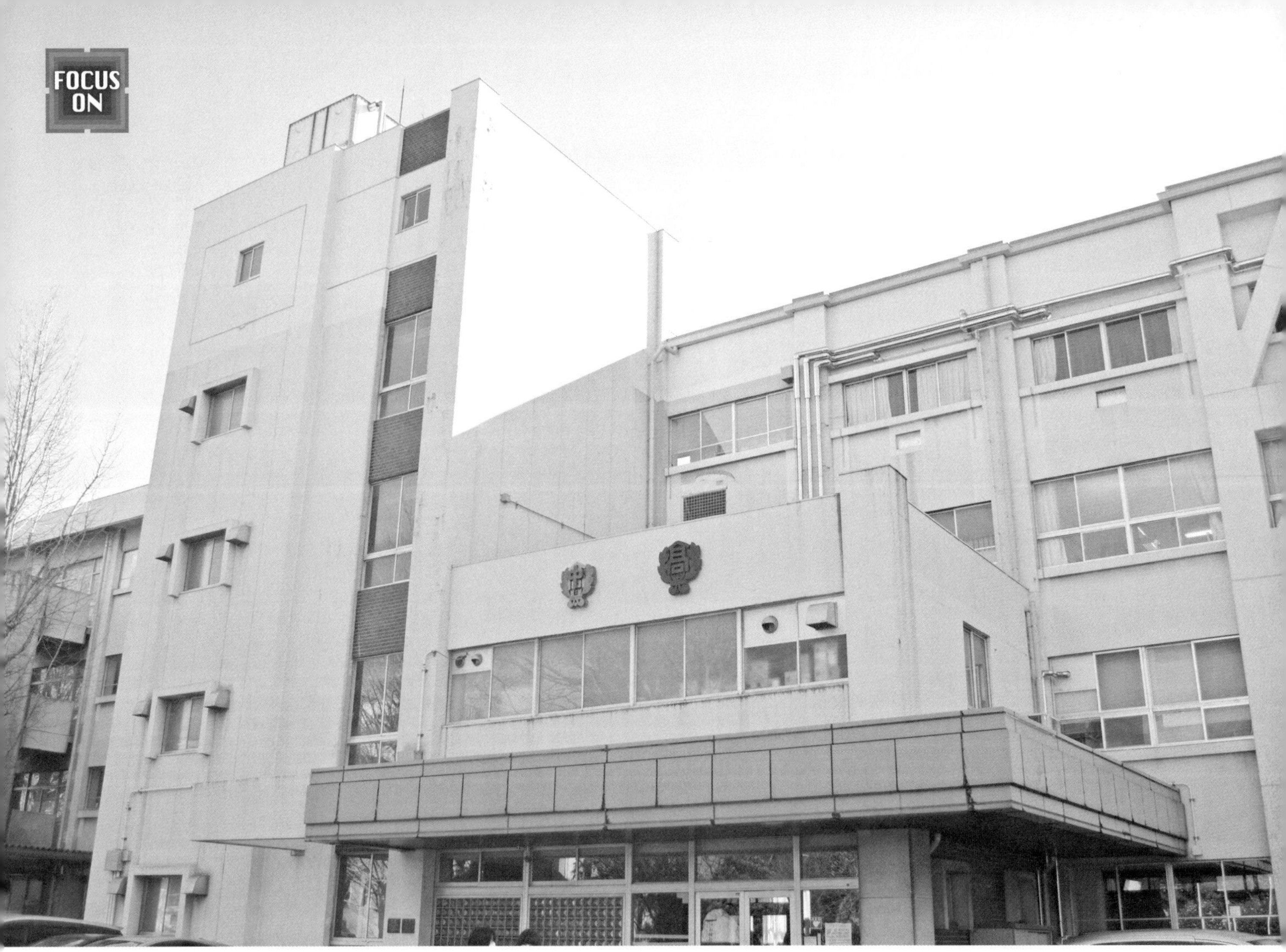

## 施設

さは認めあい、切磋琢磨するようになります。」（佐藤校長先生）
カリキュラムは、高1・高2は共通履修、高3で選択科目が設けられ、文系クラスと理系クラスに分かれます。教養主義を基本とするため、高3で文系・理系に分かれるものの、3年間で理科4科目と地歴・公民5

講堂

講堂外観

敷地内には普通校舎のほか、1927年（昭和2年）に建てられた講堂、専門書が多くそろう図書館、卒業生の作品を展示する美術館、ビオトープなどがあり、施設も充実しています。

正門

図書館

科目をすべて履修し、高3の文系クラスでも学校設定科目「解析基礎」の授業で数学Ⅲの内容を学びます。クラスの割合はここ数年、文系3に対して理系5と、理系志向の生徒が多いのも特徴です。

授業について佐藤校長先生は、「本校の授業は大学入試に特化したものではなく、『重厚な教養主義』に基づき展開しています。教養を身につけるということは、大学やその次のステップである社会で活躍するときに、非常に有効な力を身につけていることになります。生徒には日本で、また世界で活躍する次代のリーダーに育ってほしいのです。

昨今では、アクティブラーニング＝『身体を動かす活動的な学び』と曲解されてしまいがちですが、私は『頭のなかがアクティブに動く深い学び』こそアクティブラーニングなのではないかと思っています。本校ではそうした〈深い学び〉のために、各教科で工夫を凝らした授業を展開しています。例えば英語は週に5時間の授業を3人の先生が受け持ち、そのうち2時間は教科書ベースの授業、2時間は大学レベルの発展的な読みものを扱う授業、1時間はディベートや発表を導入する授業を行うことで、多様な力を伸ばしています」と説明されます。

## 興味関心に応じて探究する「千葉高ノーベル賞」

県立千葉では2005年度（平成17年度）から、「千葉高ノーベル賞」という特色ある取り組みを行っています。総合学習の一環であるこの取り組みは、生徒1人ひとりが自分で決めたテーマについて高1から約2年半探究活動を進め、最終的にその成果をまとめ、分野に分かれて発表するというものです。テーマは、人文科学、社会科学、自然科学、スポーツ・芸術の4分野いずれかに分類され、各分野の担当教員の指導のもと、調査研究を進めます。

4分野から選ばれたいくつかの優秀作品は、高3の9月に行う全体発表会で発表します。そして、各分野1作品ずつが「千葉高ノーベル賞」として表彰され、受賞作品は『千葉高ノーベル賞論叢』という冊子に掲載されます。2017年度（平成29年度）は、「経済学で愛を解く」（人文科学）、「真のゆるキャラとはなにか」（社会科学）、「バイオミメティクス」（自然科学）、「藝術の定義への試み～音楽を中心に～」（スポー

## 体育大会

秋に行われる体育大会はいわゆる運動会で、クラスごとにさまざまな種目を競いあいます。春と冬に行われる球技大会も含め、これらの大会の運営は、種目の選定から当日の進行まで、すべて生徒中心に進められています。

## そのほかの行事

千秋祭

入学式

外部講師講演会「先輩に学ぶ」

遠足や合唱コンクール、千葉高ノーベル賞発表会など、年間を通して多彩な行事が行われる県立千葉。千秋祭（文化祭）では、高3は全クラス演劇を披露します。体育系の行事同様、実行委員が主体となるのが特徴で、行事でも県立千葉の「自主自律」の精神がみられます。

画像提供：千葉県立千葉高等学校

ツ・芸術）が受賞しました。

「生徒は自分の興味関心に応じて独自にテーマを設定していて、探究の成果は大学の卒業論文レベルのものもあり驚きます。図書館には多くの専門書がそろっているので、テーマ設定や資料調査の際に活用しています。」（佐藤校長先生）

### ゆるぎない覚悟で第1志望の大学へ

進路指導は3年間を通して計画的に進められます。教員作成の実力テストや個人面談も実施し、生徒の成績を細かくチェックしています。また、大学教授による模擬講義、卒業生や外部講師による講演会、受験体験報告会、東京大見学会などの催しものも開催されています。

なかでも生徒たちに好評なのが、高2を対象にした「外部講師講演会『先輩に学ぶ』」です。社会で活躍中、かつ在校生にとって親しみやすい世代の先輩を複数名招いて行う講演会で、2017年度は歯科医師や陶芸家、編集者、研究者などが講演をしました。

こうした指導で毎年千葉県の公立高校随一の進学実績をあげる千葉県立千葉高等学校。佐藤校長先生は生徒に「第1志望は譲らないという信念を持ってほしい」と話されます。

「私は大学時代、ある先生に〝先生〟とは『先に生きる人』だと教えてもらいました。生徒より先に生きる者として色々な経験をしたからこそ言えるのは、高校時代に安易な妥協をすれば必ず後悔するということです。高校の入学はゴールではなくスタートです。また、高校時代は一番活力のある時期で、社会でどう活躍したいのかをよく考えるときでもあります。本校で色々なことに挑戦し、将来を真剣に考えながら、自分が本当に勉強したいこと、そのために進む道をはっきりさせ、ゆるぎない覚悟で第1志望の大学へ進学してもらいたいです。」（佐藤校長先生）

**2017年度（平成29年度）大学合格実績抜粋**　（ ）内は既卒

| 大学名 | 合格者数 | 大学名 | 合格者数 |
|---|---|---|---|
| 国公立大学 | | 私立大学 | |
| 東北大 | 8(5) | 早稲田大 | 138(35) |
| 筑波大 | 4(1) | 慶應義塾大 | 79(23) |
| 千葉大 | 58(19) | 上智大 | 48(8) |
| お茶の水女子大 | 5(1) | 東京理科大 | 89(35) |
| 東京大 | 18(4) | 青山学院大 | 14(2) |
| 東京外大 | 3(0) | 中央大 | 39(16) |
| 東京工大 | 9(2) | 法政大 | 42(11) |
| 東京農工大 | 3(0) | 明治大 | 81(28) |
| 一橋大 | 14(6) | 立教大 | 33(2) |
| 横浜国立大 | 6(1) | 学習院大 | 10(4) |
| 京都大 | 7(2) | 芝浦工大 | 9(3) |
| 大阪大 | 5(3) | 国際基督教大 | 3(1) |
| その他国公立大 | 25(16) | その他私立大 | 188(59) |
| 計 | 165(60) | 計 | 773(227) |

# 的指導

## 未来の大学入試改革を見据え いまから心がけるべきこと

**あっという間に今年度も最後の号となりました。4月からは、現中3生は高校生に、現中2生は受験学年になりますね。新しいステージにあがる心の準備はできていますか？新生活を気持ちよくスタートするために心がけておくべきことを考えてみましょう。**

### 大学入学共通テストの1期生となる学年です

現中3生は、卒業式を経て、いよいよ高校生活が始まります。やっと高校受験が終わったところですが、これから大学受験のことも考えなくてはなりません。みなさんは、大学入試改革の一環として「大学入試センター試験」が「大学入学共通テスト」に変わる2020年度に、ちょうど大学受験期を迎えます。つまり、「大学入学共通テスト1期生」となるわけです。

個別の大学入試でも、「多面的・総合的評価」が導入されるなど、大学入試に関するさまざまなことが変わります。なぜ大学入試が変わるかというと、求められる能力が変わるからです。これからは、知識・技能だけでなく、思考力・判断力・表現力などが求められるため、それらを重視した入試が行われます。では、春から高校生となるみなさんは、大学受験に向けてどのように勉強に挑めばいいのでしょうか。

### いまはあれこれ考えず学力アップをめざして

じつは、私も「大学入試センター試験」の前身となった「国公立大学共通第一次学力試験」の1期生でした。この入試は、問題を統一し、難問・奇問をなくすことで、受験生の負担を緩和

**和田秀樹**（わだひでき） 1960年大阪府生まれ。東京大学医学部卒、東京大学医学部附属病院精神神経科助手、アメリカのカールメニンガー精神医学校国際フェローを経て、現在は川崎幸病院精神科顧問、国際医療福祉大学大学院教授、緑鐵受験指導ゼミナール代表を務める。心理学を児童教育、受験教育に活用し、独自の理論と実践で知られる。著書には『和田式　勉強のやる気をつくる本』（学研教育出版）『中学生の正しい勉強法』（瀬谷出版）『［改訂新版］学校に頼らない　和田式・中高一貫カリキュラム』（新評論）など多数。初監督作品の映画「受験のシンデレラ」がモナコ国際映画祭グランプリ受賞。

するために導入されたもの。しかし、ふたを開けてみれば、逆の効果をもたらしてしまったのです。というのも、当時、特定の名門私立中高一貫校では、高2の段階で高3までの授業を完了し、残りの1年間を入試対策にあてることができました。一方、高3まで授業が行われる公立高校では、十分な共通一次試験の対策が行えず、むしろ受験で不利になってしまったのです。

　こうした出来事から、私がみなさんにお伝えしたいのは、大学入試改革の有無にかかわらず、なるべく早く大学入試の勉強を進めておくべきだということです。実際の大学入試がどのように変わったとしても、いずれは塾や予備校などで専用の対策講座が実施されます。しかし、そのときになって学力が足りず、入試対策を行う時間がないという状況になってしまっては残念です。「大学入学共通テスト」の対策が具体化されるまでは、あれこれ考えすぎずに、通常の勉強を頑張りましょう。

## 新中3生はひとまず受験生としての自覚を

　現中2生は、新中3生となり、受験学年が始まります。早ければ、春休みに高校見学などをして、志望校を絞り込む人もいるでしょう。志望校が決まれば、勉強へのモチベーションがあがります。余裕がある人は、志望校選びも本格的に始めてください。

　とはいえ、多くの人は、まだそこまで志望校を絞り込むことはできないでしょう。その場合は、焦らなくても大丈夫。現段階では、進学実績を見たり、過去問を解いたりして、自分がどのくらいのレベルの高校であればめざせるのかを検討する程度で十分です。ただし、受験生としての自覚はしっかり持って、4月からの生活に備えましょう。

### 和田先生に聞く
## お悩み解決アドバイス

**Q 共学と男女別学どちらが自分に合う？**

**A これまでの学校生活を振り返って考えよう**

　志望校を検討する際、共学と男女別学ではどちらがより自分に合うかを見極めるには、これまでの学校生活を振り返って考えるのが一番です。例えば、クラスに気になる異性がいることで勉強が手につかなくなった経験がある人は、男女別学の方がいいでしょう。逆に、異性の目があるからこそ張りきって頑張れた経験のある人は、共学の方がいいでしょう。これは、勉強面以外のことでもいえます。例えば、共学だからこそ異性とフランクに話せて嬉しいという人もいれば、男女別学だからこそ気兼ねなく本音が話せていいという人もいるのです。一方で、「いずれ社会に出たら、男女間のコミュニケーションは避けられない。だから、共学の方がいい」と主張する人もいます。社会的には、男女共学化が進行しているのも事実です。しかし、高校3年間男女別学に通ったからといって、将来異性とコミュニケーションが取れないということはありません。自分にとって最適だと思う学びの場を選ぶことをおすすめします。

和田式教育

グローバル教育出版の本

**新刊案内**

「先生を育て学校を伸ばす」ベテランが教える

# 生徒を育て、人を育て、そして、自分を育てる 先生のための本

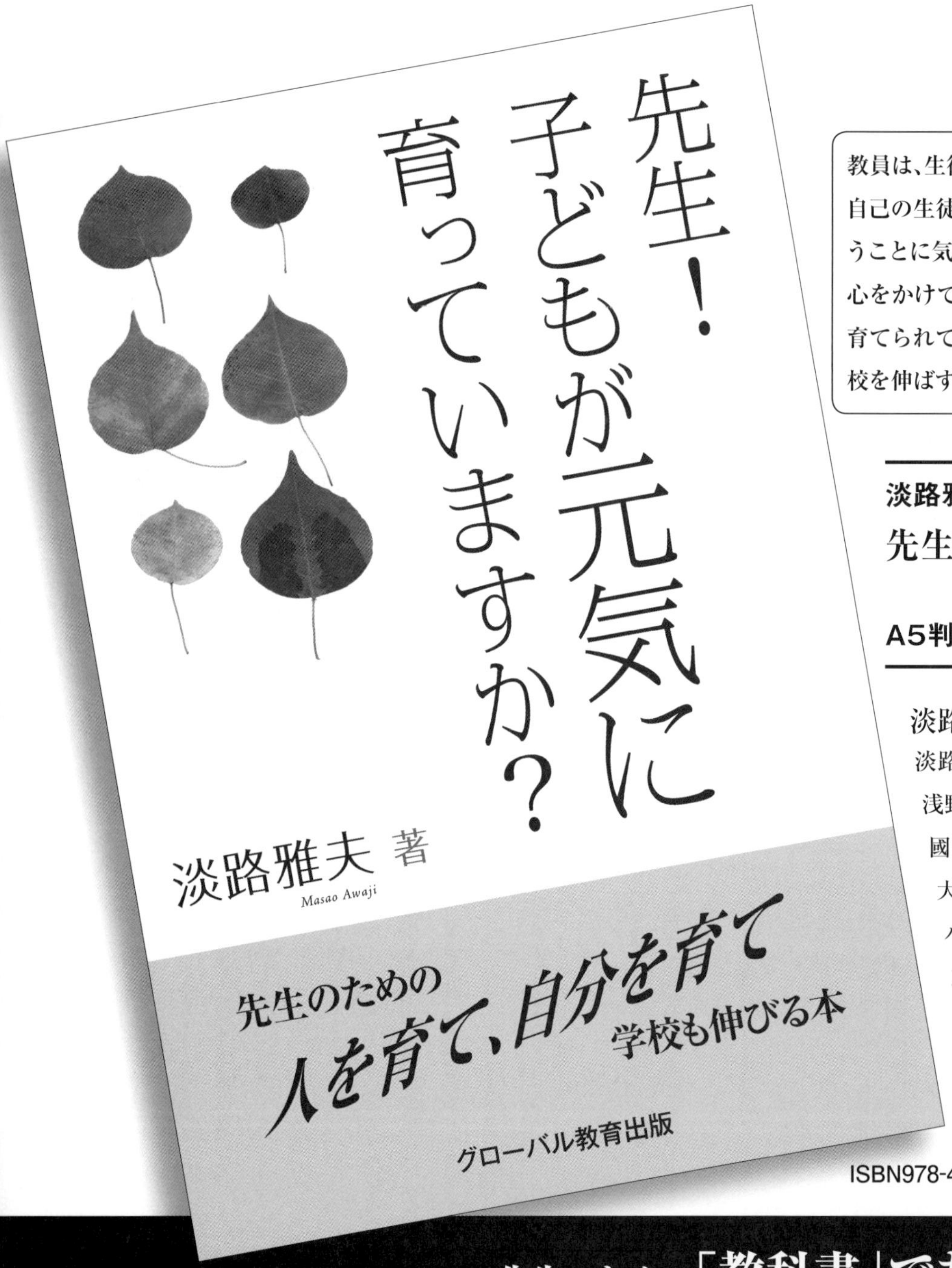


**学校が伸びる**

教員は、生徒に向ける関心こそが、自己の生徒指導の方法を磨いていくのだということに気づくべきです。生徒に「目をかけ、心をかけて」育てていくことで、教員自身も育てられているのです。それがひいては、学校を伸ばすことにつながります……著者

**淡路雅夫 著**

**先生！子どもが元気に育っていますか？**

**A5判　160ページ　1,500円＋税**

淡路雅夫（あわじ・まさお）

淡路子育て支援教育研究所主宰。私立浅野中学・高等学校の前校長。現在は、國學院大學教職特別講師、関東学院大学非常勤講師、東邦大学教職アドバイザーなどを務め、講演・執筆活動を通して私学支援を行う。専門分野は子どもの教育・福祉を中心とした家族・親子問題。

ISBN978-4-86512-058-5

**この本は 先生のための「教科書」であり「強化書」である**

森上教育研究所 所長 森上展安

http://www.g-ap.com

グローバル教育出版　〒101-0047 東京都千代田区内神田2-4-2 グローバルビル　電話 03-3253-5944　Fax 03-3253-5945

# 教えてマナビー先生！
# 世界の先端技術

**▶マナビー先生**

日本の某大学院を卒業後、海外で研究者として働いていたが、和食が恋しくなり帰国。しかし科学に関する本を読んでいると食事をすることすら忘れてしまうという、自他ともに認める“科学オタク”。

## オトングラス search

### 文字を認識できない人のため音読してくれる眼鏡型の端末

道具を発明したり、作ったりしている人って、どうしてそんなものを作ろうと思ったんだろう。

いま、世の中にはとても便利なものができていて、それを作った人には、ただ「すごいな」「私にはできないな」と感心するばかりだけど、その動機や背景を聞くと、「ああ、そんなことがあって思いついたんだ！」と思わずうなずいてしまうことも多いね。

今回紹介する「オトングラス」もそんな製品の１つだ。

「オトングラス」、変わった名前だね。このオトンとは「お父さん」の意味なんだ。関西弁のオトン、オカン（お母さん）だね。じつは、開発者の島影圭佑さんのお父さんは脳梗塞を患ってしまい、その後遺症で、普通の暮らしはできるのだけれど文字を見て内容を読み取る能力を失ってしまった。でも、周りの人が文章を読んであげると、お父さんは内容を理解することができる。

人間の脳はとても複雑だね。脳の一部が損傷してしまったお父さんは、文章は読めないけれど、音読してもらえば内容を理解できる。島影さんは、そのことを病院に付き添いに行って知ったんだ。「付き添いの人の代わりに文字を読んでくれる装置ができないものかな」、島影さんは、そう思った。

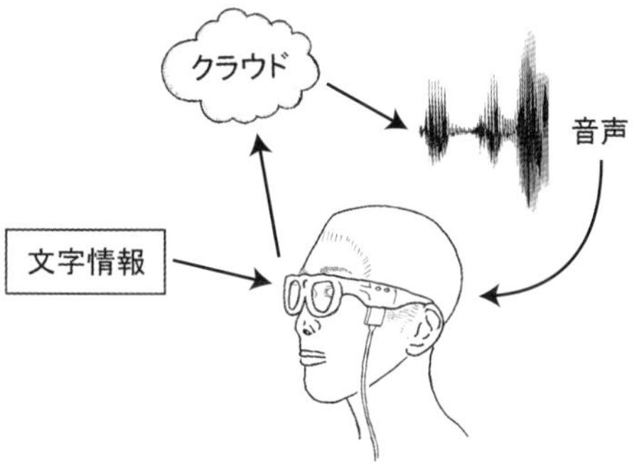


【オトングラスの仕組み】写した画像をクラウド（インターネット上の複数のサーバーを利用してデータ資源を活用するサービス）にあげて文字認識をし、それを音声変換サービスを通じて読みあげる。

ちょうどそのころ眼鏡型の装置が開発されて注目されていた。それをヒントに島影さんの心のなかに、「眼鏡についたカメラが見ている視野の文字を認識し、音声に変換する装置を作ろう」。そんなコンセプト（構想）ができあがった。コンセプトを絵にして発表すると、開発をいっしょに進めようとする仲間も見つかった。

最初のコンセプトでは、カメラは２台だった。１つは、装置を身につけている人が見ている画像をとらえるカメラ、もう１つはその人の目の動きをとらえるカメラだ。

音声化するタイミングは目の動きをとらえるカメラが瞬きをとらえたときとした。瞬きをとらえると、もう１つのカメラが画像を撮影する。

画像のなかの文字、例えば「改札口」を読み取ると、音声に変えてイヤフォンから「カイサツグチ」と聞こえるようにしたんだ。試作版が完成し、発表すると色々な賞も取ることができた。

改良を続けるなかで、ユーザーの要望に応じて、瞬きをとらえるカメラの代わりに、使用者が操作できるスイッチにした。コンピュータ自体も進歩し、文字認識や翻訳機能の追加、音声化の技術も向上していった。文字が認識できない人だけでなく、弱視など視覚障害の人や、翻訳により、多言語への変換など、機能もどんどん広がっていったんだ。

お父さんへの思いから始まった「オトングラス」だけど、５年間の開発で、お父さんだけでなく、もっと多くの人に役立つものになっていったんだね。

# キリスト教学校合同フェア

## キリスト教小学校・中学校・高等学校50校が参加

カトリック校28校【中高18校／小10校】 プロテスタント校22校【中高20校／小2校】

全国のキリスト教学校では、「聖書」という普遍の教えに基づいて人格教育を行ってきました。
その真価は、どのような時代にあっても揺らぐことはありません。
2018年3月に「カトリック学校」と「プロテスタント学校」が
昨年に引き続き7回目の合同フェアを開催します。

**2018**
**3.21** 祝 水

**入場無料／予約不要 10:00～15:00**

**青山学院高等部校舎**

### ▶開催イベント/コーナー

1. 個別相談ブース
2. 参加校5分間スピーチリレー
3. 合唱祭
4. 体験イベントコーナー【サレジオ高専】
5. 無料資料配布コーナー

キリスト教学校合同フェア　検 索

アンケートに答えて参加校のオリジナルグッズをもらおう！

**Access**

渋谷駅まで ［神奈川県］■横浜駅から28分
［埼 玉 県］■大宮駅から38分
［千 葉 県］■市川駅から45分

●JR山手線、東急線、京王井の頭線「渋谷駅」宮益坂方面出口より徒歩約12分
●地下鉄「表参道駅」B1出口より徒歩約10分

**お問い合わせ** ▶ **キリスト教学校合同フェア実行委員会**

白百合学園中学高等学校
TEL03-3234-6661 〒102-8185 東京都千代田区九段北2-4-1

聖学院中学校・高等学校
TEL03-3917-1121 〒114-8502 東京都北区中里3-12-1

※このページは33ページから読んでください。

$-2+3a-4=0$

$3a=6$

$a=2$

**正解**　$a=2$　$b=\frac{1}{3}$

基礎は基礎でも、文章題になると、どうだろうか。

神奈川県立の問題で、⑤の根号の理解が問われている。

問２(オ)　$\sqrt{53-2n}$　が整数となるような正の整数$n$の個数を求めなさい。

1．1個　2．2個　3．3個　4．4個

数学が苦手だったり、文章題を見るだけで脳が凝固するというような人たちのために、丁寧に説明しよう。

まず、「正の整数$n$」というのだから、$\sqrt{\ }$の中身は0よりも大きな数でなければならない。つまり、$53>2n$でなければならない。

$53-2n>0$

$53>2n$

$53\div2>n$

$n<26.5$

$n$は正の整数だから、最大なら26、最少なら１だ。詳しくいうと１から26までの間の正の整数だ。

$n=1, 2, 3, 4 \cdots\cdots 24, 25, 26$

これらの数値を$n$に代入して、$\sqrt{53-2n}$の値を確かめると、

$n=26$なら、$\sqrt{53-2n}=\sqrt{1}=1$

$n=22$なら、$\sqrt{53-2n}=\sqrt{9}=3$

$n=14$なら、$\sqrt{53-2n}=\sqrt{25}=5$

$n=2$なら、$\sqrt{53-2n}=\sqrt{49}=7$

$\sqrt{53-2n}$が整数になるのは、以上の４例しかない。

**正解**　4

いま、非常に細かく説明したが、じつは、基礎問題は解ければいいというものではない。どれくらい短い時間で解くかが力の見せどころなのだ。

まだ紙数に余裕があるので、根号の問題をもう１題やってみよう。千葉県立の問題だ。

(5)　$2\sqrt{27}-\frac{6}{\sqrt{3}}$　を計算しなさい。

これは分数の分母に根号がある問題で、基礎問題といえないかもしれない。だが、こういうレベルの計算ができれば、もう根号は大丈夫だと胸を張ってもかまわない。

分数の分母に根号がある場合は、必ず分母の根号を取り払うことだ。

まずは$2\sqrt{27}$の$\sqrt{27}$を$3\sqrt{3}$として、$2\times3\sqrt{3}$の$6\sqrt{3}$とする。次に根号がある方の分母を有理化すると

$$6\sqrt{3}-\frac{6\times\sqrt{3}}{\sqrt{3}\times\sqrt{3}}$$

$$=6\sqrt{3}-\frac{6\sqrt{3}}{3}$$

となるね。これを通分して解くと

$$\frac{18\sqrt{3}}{3}-\frac{6\sqrt{3}}{3}$$

$$=\frac{12\sqrt{3}}{3}$$

$$=4\sqrt{3}$$

**正解**　$4\sqrt{3}$

最後に⑥の比例の問題をあげよう。千葉県立からだ。

２(1)　$y$は$x$に反比例し，$x=3$のとき，$y=6$である。$y$を$x$の式で表したときの比例定数を，次のア～エのうちから１つ選び，符号で答えなさい。

ア　2　　イ　3　　ウ　9　　エ　18

反比例を表わす式はこうだったね。

$$y=\frac{a}{x}$$

あるいはこうでもいい。

$$y=\frac{a\times1}{x}$$

$a$は比例定数だね。この式に$x=3$、$y=6$を代入するとこうなる。

$$6=\frac{a}{3}$$

$$3\times6=a$$

あっさり、答えは18だとわかる。

**正解**　エ

反比例を表わす式を覚えているかどうかで、解けるかどうかが決まるという基礎問題だ。

今回は、易しすぎたかも知れないね。いや、ほとんどの読者には易しかっただろう。だが、１問でも間違ったなら、その基礎部分が１年後に大後悔のもとになるから、いまのうちにしっかり手当てしておこう。

※このページは33ページから読んでください。

$(x+9)^2-(x-3)(x-7)$
$=(x^2+18x+81)-(x^2-3x-7x+21)$
$=x^2+18x+81-x^2+3x+7x-21$
$=28x+60$

**正解**　**3**

②の因数分解は、千葉県立の問題を解いてみよう。

(6)　$(x+3)(x-5)+2(x+3)$　を因数分解しなさい。

$(x+3)(x-5)+2(x+3)$
$=x^2+3x-5x-15+2x+6$
$=x^2-9$
$=(x+3)(x-3)$

**正解**　**$(x+3)(x-3)$**

③の二次方程式は、神奈川県立で出題されている。

問２(イ)　２次方程式 $6x^2-2x-1=0$　を解きなさい。

1．$x=\dfrac{1\pm\sqrt{7}}{6}$　　2．$x=\dfrac{1\pm\sqrt{7}}{3}$

3．$x=\dfrac{1\pm\sqrt{14}}{6}$　　4．$x=\dfrac{1\pm\sqrt{14}}{3}$

この問題も二次方程式の解の公式を正しく知っているかどうかをチェックする問題だ。解の公式はこうだ。

$ax^2+bx+c=0$ならば、

$$\frac{-b\pm\sqrt{b^2-4ac}}{2a}$$

この公式に、$6x^2-2x-1=0$ をあてはめると、

$$x=\frac{2\pm\sqrt{2^2+4\times6}}{2\times6}$$
$$=\frac{2\pm\sqrt{28}}{12}$$
$$=\frac{2\pm2\sqrt{7}}{12}$$
$$=\frac{1\pm\sqrt{7}}{6}$$

**正解**　**1**

④の連立方程式は、千葉県立の問題を見てみよう。

(4)　連立方程式 $\begin{cases}2x+3y=9\\y=3x+14\end{cases}$ を解きなさい。

これも難しくはないぞ。なにしろ、$y=$～という形だから、上の式にそのまま代入してしまえばいい。

$2x+3y=9$
↑
$y=3x+14$
$2x+3(3x+14)=9$
$2x+(9x+42)=9$
$2x+9x+42-9=0$
$11x+33=0$
$x+3=0$
$x=-3$
これを$y=3x+14$に代入して、
$y=3(-3)+14$
$y=-9+14$
$y=5$

**正解**　**$x=-3$、$y=5$**

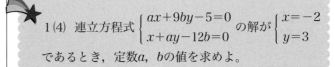

いくら基礎とはいえ、こんな計算問題はものたりないと思う人は多いだろう。私立高校の出題になると、大抵はもっと難しい。例えば、桐光学園（第２回入試）の問題だ。

1(4)　連立方程式 $\begin{cases}ax+9by-5=0\\x+ay-12b=0\end{cases}$ の解が $\begin{cases}x=-2\\y=3\end{cases}$ であるとき，定数$a$，$b$の値を求めよ。

まず$x$と$y$とに、$-2$と$3$を代入しよう。そうすると
$ax+9by-5=0$　→　$-2a+27b-5=0$…①
$x+ay-12b=0$　→　$-2+3a-12b=0$…②
となる。これを整理すると（①を３倍に、②を２倍にすると）、
$-2a+27b-5=0$　→　$-6a+81b-15=0$
$-2+3a-12b=0$　→　$-4+6a-24b=0$
この2つの式を足すと、

$$\begin{array}{r}-6a+81b-15=0\\ +)\ +6a-24b-4=0\\ \hline 57b-19=0\end{array}$$

$$b=\frac{19}{57}=\frac{1}{3}$$

この値を$-2+3a-12b=0$に代入すると、
$-2+3a-12b=0$
$-2+3a-12\times\dfrac{1}{3}=0$

【百参拾六の巻】
今年出た
基礎問題1

# 数学

教育評論家 正尾佐の

# 高校受験指南書

今号から本誌『サクセス15』を読み始めるのは、まもなく中3生になる人たちだろう。読者の大半の人たちが受験する学校は、東京・神奈川・千葉・埼玉だろうから、その公立・私立高校の問題を取り上げることにしよう。ただし、紙面が限られているので、国語・数学・英語の3教科だけにしたい。

まずは、今号から6月号までは「今年出た基礎問題」をテーマにし、最初に数学から始めよう。

数学の出題は、ほとんどの場合、まず初めは基礎の基礎、かなり簡単な式の計算問題から始まる。おかげで、緊張しすぎがちな人にはありがたい。すらすらと問題を解き始めることで、あがることなく気持ちを集中させられるだろう。首都圏の公立高の第1問は、大抵は負の数の計算問題が出される。神奈川県立は、負の数同士の足し算だ。

問1(ア)　$(-8)+(-4)$

1. $-12$　2. $-4$　3. $4$　4. $12$

答えは、もちろん1だね。

**正解**　1

千葉県立(前期)も同じで、神奈川県立とそっくりだ。

1(1)　$(-4)+(-8)$　を計算しなさい。

答えは、$-12$だ。

**正解**　$-12$

では、東京都立と埼玉県立は、といきたいところだが、残念ながらこの原稿の締切日までにはどちらも入試が実施されていないので、紹介できない。だが、例年、神奈川県立・千葉県立とほとんど変わりはない。

計算問題は続いて、少しだけ難しくなる。神奈川県立は、

(イ)　$-\frac{5}{7}+\frac{2}{3}$

1. $-\frac{3}{4}$　2. $-\frac{13}{21}$　3. $-\frac{1}{21}$　4. $\frac{1}{21}$

これは、分母を通分して、

$-\frac{15}{21}+\frac{14}{21}=-\frac{1}{21}$

**正解**　3

千葉県立は、累乗と掛け算を加えている。

(2)　$(-3)^2+12\div(-2)$　を計算しなさい。

$9-6=3$　だね。

**正解**　3

このような問題は2、3秒で計算できるようにしていきたい。では、式の計算でもう少し難度の高い問題はどんなものだろうか。

どこの都県でも出されるのは、①式の展開、②因数分解、③二次方程式、④連立方程式、⑤根号、⑥比例などだ。

神奈川県立の①式の展開の問題をあげよう。

(オ)　$(x+9)^2-(x-3)(x-7)$

1. $8x+60$　2. $8x+102$
3. $28x+60$　4. $28x+102$

さあ、解いてみよう。

国語

Wase-Aca Teachers

# 東大入試突破への現国の習慣

田中コモンの今月の一言!

## 「問題がある」ということに気づくことが大切なのです

田中(たなか)としかね先生

早稲田アカデミー教務企画顧問

東京大学文学部卒業
東京大学大学院人文科学研究科修士課程修了
著書に『中学入試日本の歴史』『東大脳さんすうドリル』など多数。文教委員会委員長・議会運営委員会委員長を歴任。

### グレーゾーンに照準! 今月のオトナの言い回し「不問に付す」

中学生の皆さんが普段の学校生活の中で使う場面を想像することが難しく、おそらく実際に使うことはないだろうという意味で、極めてオトナ度の高い言い回しであるということができます。「ふもんにふす」と読みますよ。使われている漢字から考えて文字通りの解釈をすると「問題にしないでおく」という意味になりますよね。ではどんな時に使うのでしょうか? 問題視されてもよいことがらに対して、あえて「とりたてて問題にはしない」という判断を下す際に使われます。

ですから「過失などをとがめないでおく」という意味合いにもなり、さらには「見逃す」というニュアンスまで含まれます。ミスをした者に対してそれを判定する立場にある者が、「今回は許してやるが、次はないぞ!」という、警告とともに反省への期待をこめて「問題にはしない」という態度をとるときに使うこともあります。生徒を指導する立場にある先生にとっては、この「不問に付す」ということが普段の学校生活においても、生徒に対してとるべき態度としておこりうるのです。

その際に先生から「今回のミスは不問に付すことにする」などといった発言が、生徒に対して直接あるわけではありませんが、先生として生徒への指導上、黙って見逃すということはありうるのです。しかも、この不問に付すことができるというのが、先生にとって重要な手腕の一つとしてカウントできると筆者は思っています。やはりベテランの先生でないとタイミングを見計らうのが難しいのではないかと考えるからです。

「でも、生徒がミスをしたのに知らん顔をしているなんて、それでいいのでしょうか? ちゃんとミスを指摘した上で、正しいことを教えるのが先生の仕事なのではないでしょうか?」真っ当な質問です。先生としての仕事を放棄して、問題がなかったことにしているだけではないか? という疑惑ですよね(笑)。確かに、教えるのが大変だったり面倒くさかったりするならば、それをなかったことにしてサボりたいと考えるのが人間だともいえるでしょう。しかしながら、先生にとって教えるということは決して苦にならないのです。そもそも教えることが好きだからこそ、先生と呼ばれる職業に就いているはずですからね。教えたがるのが先生という人間なのですよ。その先生の本性に反して「教えずに見逃す」という選択をあえてできるところが、ベテランのなせる業だと言いたいのです。

もちろん見逃すといっても、生徒が間違いに気づいていないときに知らん顔をしていてもはじまりません。ちゃんと指摘をして教えますよ。間違った理解のままでいられては困りますからね。当然、正しい知識を理解させてこその先生です。ところが「それは間違いです、正解はこれです」と伝えるだけでは、決して生徒の身にはつかないということも経験上よく知っているのがベテランの先生なのですよ。人から教えてもらったことというのはすぐに分かった気になります。と同時にすぐに忘れてしまうのです。もちろん生徒が「分かった!」と目を輝かせてくれるのは、教師にとってこの上もない喜びの瞬間であります。そのためにこそ授業の工夫や教材の研究も続けられるというものです。それでもこの「分かった」は曲者だ! ということに気づいていることが重要なのです。理解はしてもすぐに忘れてしまうというリスクを考慮しなくてはなりません。本当の意味で知識が身につくタイミングというのは、生徒自身が納得したときだけなのです。間違いに自分で気づき、それを消去できたときに、はじめて正しい理解だけが頭に残るという仕組みなのです。「人は消去法でしか学べない」という大脳生理学に基づく説明を、このコーナーでも取り上げたことがありますよね。

　ポイントは、生徒が自分で間違いに気づいたときに、黙って見逃すことが先生にできるか? ということです。筆者自身を振り返ってみても、自分で気づいたことというのは本当に一生覚えているものです。「気づき」というのはそれくらい重要なタイミングであり、生徒にとって最大の成長のチャンスだといえるでしょう。先生であっても、いや先生だからこそ、この体験を邪魔してはなりません。成長の機会を奪ってはならないのです。

## 慇・懃・無・礼?! 今月のオトナの四字熟語「議論百出」

「あるべき教師の姿」などとつい調子にのって偉そうなことを申し上げました。あくまで筆者にとっての理想ということです。教壇に立つ先生の一人ひとりが、自ら理想とする教師像を思い描き、毎日の授業で工夫を凝らしています。理想の教師像を語り出したらそれこそ「議論百出」でしょう。今月の四字熟語が登場しました。「様々な意見や考えが数多く出されて、盛んに議論が交わされること」を意味します。「百」という数字は「数が多いこと」のたとえですからね。「百戦錬磨」や「読書百遍」と同じ用法ですよ。漢字の百は「もも」と読むこともお忘れなく。「もも」というのは和語で「数が多いこと」を意味しますよ。ちなみに「百敷(ももしき)の」で、大宮にかかる枕詞(まくらことば)になります。

　さて、百人の先生がいたら百通りの意見が出てきそうな理想の教師像ですが、ここは自分の出る幕ではないと、先生が堂々と傍観できなくてはなりません。それで不問に付す、見て見ぬふりをすることができるというのが、あるべき教師像の一つだと筆者は考えるわけですよ。

いくら議論をしても簡単には意見がまとまりそうにありません。けれども、義務教育という現場において、百人百通りの意見のままで、肝心の理想像が共有されずにいてもいいのでしょうか? 文部科学省が黙っていないのではないでしょうか? もちろん黙っていません(笑)。中央教育審議会、義務教育特別部会の議論の中で「あるべき教師像」が明示されています。さて、どういった内容なのでしょうか。

　「国民が求める学校教育を実現するためには、子どもたちや保護者はもとより、広く社会から尊敬され、信頼される質の高い教師を養成・確保することが不可欠である」と優秀な教師が社会で必要とされていることを語っています。その上で、優れた教師の条件には三つの要素が重要であると宣言します。一つ目に、教職に対する強い情熱です。二つ目に、教育の専門家としての確かな力量です。そして三つ目に、総合的な人間力です。「情熱的で人間的にも優れた教育のプロフェッショナル」。これが理想的な教師像なのです。さすが中教審、文句のつけようのないビジョンです。教師によっては、この三つの要素のうち、どれか一つに重点を置くタイプもいるでしょう。何よりも生徒に対する愛情や責任感が重要だと考える「情熱」重視の先生であったり、何よりも授業の中身で勝負する「教育のプロ」タイプの先生であったり、何よりも生徒とのコミュニケーションが大切だと考える豊かな「人間性」を備えた先生であったり。そうすると三者三様になってしまうのですが、中教審としては「どれが欠けても理想とはいえない」というまとめ方をしてきたわけですね。

　議論百出の場合には、様々な意見のうちどれか一つを選んで決定しようとすると必ず反対されます。たとえ多数決で決めたとしても、ビジョンが共有されるとは限らないのです。そんな場合に、出てきた意見をそれぞれ重要な要素として扱い、分類をした上で共通項をくくり出し、それを特徴的な言葉で表現するという手順をふみます。そうすることで、皆の意見をくみ取るのです。「情熱」「専門家」「人間力」のキーワードでまとめてきた中教審のビジョンは見事です。国語力というのはこんな風に発揮するのですよ。

に、それぞれ1枚、3枚、2枚ずつ増える。よって、4番目の図形で使われるタイルの枚数は、3番目の枚数をもとにして、

黒のタイル…3＋1＝**4(枚)**

白のタイル…10＋3＝**13(枚)**

赤のタイル…8＋2＝**10(枚)**

(2)　1番目が4枚で、1番増えるごとに3枚ずつ増えるので、$n$番目の図形の白いタイルの枚数は、

$4+3(n-1)=$**$3n+1$(枚)**

(3)　並べたすべてのタイルの枚数、1番目が9枚で、1番増えるごとに6枚ずつ増えるので、$n$番目の図形に使われる全てのタイルの枚数は、

$9+6(n-1)=6n+3$(枚)。

よって、$6n+3=99$が成り立つから、これを解いて、

$n=16$　⇒　**16番目**

続いて、点が規則的な移動を繰り返す問題です。

**問題2**

図のように，線分AG上に等間隔に目盛りを刻み，左から順にB～Fとしました。点Pは，Aを出発し1秒間に1目盛りずつ進みます。Gに到着すると，その場で1秒間停止してから逆方向へ1秒間に1目盛りずつ進みます。Aに到達した場合も，1秒間停止してから逆方向へ動きます。この動き方で点PがAG間を往復し続けるとき，次の問いに答えなさい。

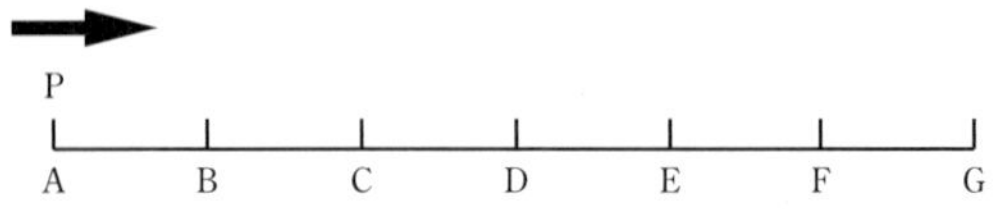


(1)　出発してから10秒後に，点Pはどの目盛りに到達しますか。

(2)　出発してから50秒間に，点PはDに何回到達しますか。

(3)　点Pが出発してから5秒後に，点QはAを出発します。点Qは点Pと同じ動き方でAG間を往復し続けます。点Pが出発してから50秒の間に，2つの点が同じ目盛りにあるのは何回ありますか。　（東海大浦安・一部改題）

**<考え方>**

時間にともなって点の位置が変化するので、グラフを描くと見通しがよくなります。

**<解き方>**

A、B、C、D、E、F、Gの座標をそれぞれ(0)、(1)、(2)、(3)、(4)、(5)、(6)とする。

(1)　AG間を6秒で進むから、10秒後の位置はGを出発してから10－6－1＝3秒後の位置で、その座標は、6－3=3より(3)。よって、その目盛りは**D**。

(2)　点PがAG間を往復し再びAを出発するのは、(6＋1)×2＝14(秒後)で、この間に点Pは2回Dに到達する。

点Pの動きは14秒を周期とした繰り返しになるので、50÷14＝3余り8(秒)

余りの8秒間にDに到達するのは1回だから、出発してから50秒間にDに到達する回数は、

2×3＋1＝**7(回)**

(3)　点QがAを出発するとき、点PはF(5)にある。以後2点は下の図のように14秒周期で同じ動きの繰り返しになる。点Pが出発した5秒後から19秒後までの14秒間の動きを調べると、

点Pが出発してから7秒後に、点PはG(6)を出発し、点QはC(2)を出発する。その2秒後に、2点は同じ目盛りE(4)に到達する。さらに7秒経過すると、2点はそれぞれ6ずつ進んで、同じ目盛りC(2)に到達する。その3秒後(点Pが出発してから19秒後)に、点P、点Qはそれぞれ、目盛りF、Aに到達する。

(50－5)÷14＝3余り3(秒)で、余りの3秒間に2点が同じ目盛りにあることはないので、点Pが出発してから50秒の間に、2つの点が同じ目盛りにあるのは、2×3＝**6(回)**

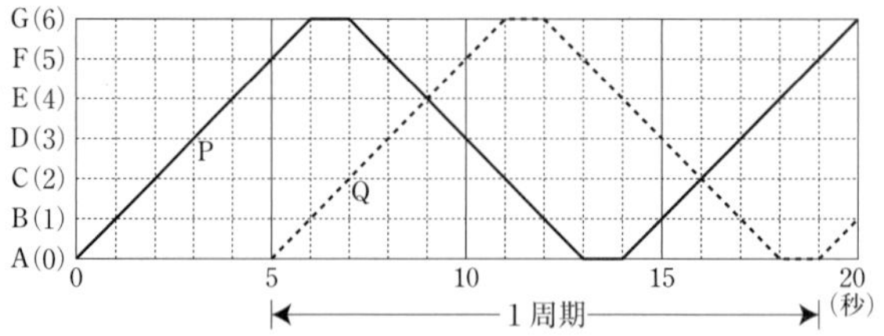


規則性に関する問題では、公式に当てはめて答えがでるということは少ないので、与えられた条件に従い、ある程度書き出して規則を見つけ出すことから始めなくてはいけません。その際、表などを使って整理すると考えやすいことが多いようです。また、考え方のヒントは、約数・倍数などの整数の性質や関数(おもに1次関数)、確率(場合の数)の分野に含まれているものが多いので、問題を解きながら、これらの分野の基本事項を確認し、まとめておくことが大切です。

# 数学

Wase-Aca Teachers

# 楽しみmath数学！DX

登木 隆司先生

早稲田アカデミー　第一事業部長
兼 池袋校校長

## 規則性に関する問題は規則を見つけるところから始めよう

新しい学年が始まりました。この連載では、これまでに出題された実際の高校入試問題を題材に、数学の基本事項を確認しながら、問題を解く際の手がかりの見つけ方や解法を解説していきます。どうぞよろしくお願いします。

さて、今月は、規則性に関する問題について見ていきたいと思います。この種の問題は、１つの単元として学習することがないにもかかわらず、思考力を試す問題として、しばしば入試に出題されますので、類題の演習を通して考え方や解き方を研究しておくことが必要です。

まずは、出題されることの多い、図形を規則的に並べる問題です。

**問題１**

右の図１のように，同じ大きさの黒，白，赤の３色のタイルがある。これらを使って，図２の１番目，２番目，３番目，…のように，規則的に並べて図形をつくる。また，それぞれの図形について，黒，白，赤の色ごとにタイルの枚数を調べ，下のような表をつくる。

このとき，次の問いに答えなさい。

図１

黒　白　赤

図２

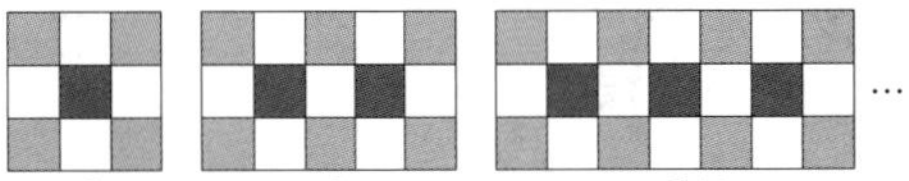

１番目　２番目　３番目

表

| | １番目 | ２番目 | ３番目 | … |
|---|---|---|---|---|
| 黒いタイルの枚数(枚) | 1 | 2 | 3 | … |
| 白いタイルの枚数(枚) | 4 | 7 | 10 | … |
| 赤いタイルの枚数(枚) | 4 | 6 | 8 | … |

(1)　４番目の図形の黒，白，赤のタイルの枚数を，それぞれ求めよ。

(2)　$n$番目の図形の白いタイルの枚数を，$n$を使って表せ。

(3)　並べた全てのタイルの枚数が99枚になるのは，何番目の図形か。　　（愛媛県・一部略）

**<考え方>**

(3)　$n$番目の図形で使われるタイルの総枚数を$n$で表し、方程式を作ります。

**<解き方>**

(1)　黒、白、赤のタイルの枚数は、１番増えるごと

精神科医からの処方箋

# 子どものこころSOS

大人の知らない「子どものこころ」。そのなかを知ることで、子どもたちをめぐる困難な課題を克服する処方箋を示唆。気鋭の精神科医・春日武彦が「子どものこころ」を解きほぐし、とくに受験期に保護者がとるべき態度や言動をアドバイスします。

A5判　並製224ページ
定価　1,700円＋税
ISBN978-4-86512-091-2

価格改定 普及版

新装刊

精神科医　春日武彦　著

「率直に言って、受験を迎えるお子さんがいるご家庭においては、親子ともに『こころの健康マネージメント』が必要だと感じています。しかし、これを実際におこなっていくのは、なかなかむずかしい。本書は、現実生活のなかでどう対応したらよいのかを、学説や教育論ではなく、こころに届く絶妙な筆致で綴った得難い一冊です」（教育評論家・森上展安）

子どものこころ？

子どもとうまくつきあいたい

受験期にはどう接すればいい？

★ご注文方法

本書は一般書店にてお買い求めになることができます。万が一、書店店頭に見当たらない場合には、書店にてご注文のうえ、お取りよせいただくか、弊社営業部までご注文ください。ホームページからもご注文いただけます。

**株式会社 グローバル教育出版**

〒101-0047 東京都千代田区内神田２－４－２　グローバルビル
TEL：03-3253-5944（代）　FAX：03-3253-5945

# 英語で話そう！

**川村 宏一先生**
早稲田アカデミー　事業開発部
英語研究課 上席専門職

朝がちょっぴり苦手な中学３年生のサマンサは、父（マイケル）と母（ローズ）、弟（ダニエル）との４人家族。

ある日、父・マイケルがサマンサの部屋に行くと、パソコンに向かっていたサマンサは困っている様子でした。どうしたのでしょうか。

Michael ：Samantha, what happened to you?
マイケル：サマンサ、なにかあったのかい？

Samantha：There is something wrong with my PC. It has not connected to the internet any more.…①
サマンサ ：私のパソコンの調子がどこか悪いの。インターネットにまったくつながらなくなっちゃった。

Michael ：It looks like that. Are you in a hurry?…②③
マイケル：そのようだね。急いでいるの？

Samantha：I'll check the *location of the tomorrow's concert on the internet.
サマンサ ：明日のコンサート会場の場所をインターネットで調べようとしているところなの。

Michael ：Shall I try it by my PC?
マイケル：私のパソコンでやってみようか？

Samantha：Yes, please. Thank you!
サマンサ ：うん、お願い。ありがとう！

＊location＝場所、所在地

**今回学習するフレーズ**

| | |
|---|---|
| 解説①　something wrong | 「具合が悪い」<br>(ex) There is something wrong with my bicycle.<br>「私の自転車はどこか調子が悪い」 |
| 解説②　look like ～ | 「～のように見える」<br>(ex) She looks like sad.<br>「彼女は悲しんでいるように見える」 |
| 解説③　in a hurry | 「急いで、慌てて」<br>(ex) She answered the telephone in a hurry.<br>「彼女は急いで電話に出た」 |

# みんなの数学広場

## 問題編

答えは42ページ

初級～上級までの各問題に生徒たちが答えています。
どの生徒が正しい答えを言っているか当ててみよう。
もちろん、当てずっぽうじゃなく、実際に問題を解いてみてね。

TEXT BY かずはじめ
数学を子どもたちに、楽しく、わかりやすく、使ってもらえるように日夜研究している。好きな言葉は、"笑う門には福来る"。

### 上級

世の中で一番美しい長方形の縦の長さと横の長さの比率を"黄金比率"といいます。この黄金比、縦と横の長さの比が１：$\frac{1+\sqrt{5}}{2}$、およそ５：８くらいです。
さて、その作図として正しいのは？

**A**

答えは・・・
**正方形の一辺の中点にコンパスの足を置いて円弧を描くことでできる長方形**

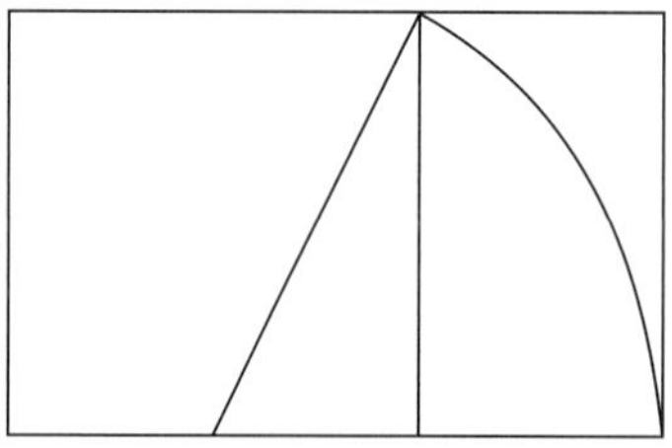

**B**

答えは・・・
**正方形の1つの頂点にコンパスの足を置いて円弧を描くことでできる長方形**

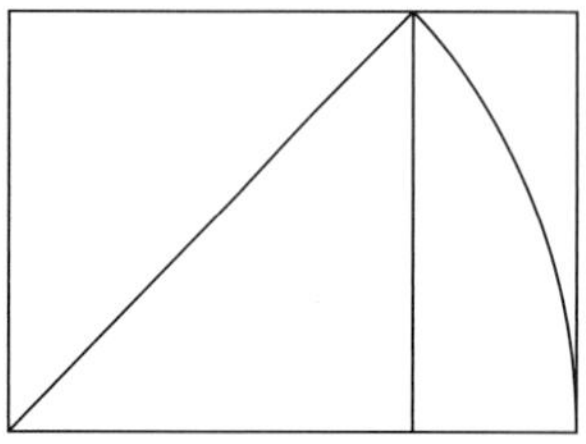

**C**

答えは・・・
**実際にサザエやオウム貝、カタツムリを使って描く**

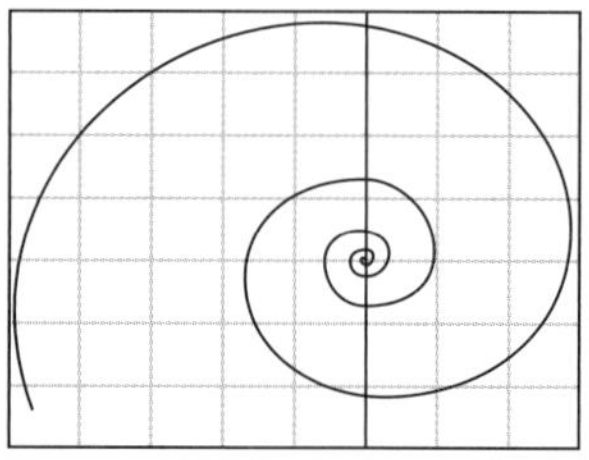

## 中級

最初に“黄金比”を数学として世に示した人はだれでしょうか。

**A**

答えは…

### ピタゴラス

図形とくればこの人でしょう。

**B**

答えは…

### ユークリッド

幾何学と言えば、だよね。

**C**

答えは…

### ガウス

いまも昔も有名だし、きっとそうだ。

## 初級

数学用語で“リマインダー”という言葉があります。

さて、どんな意味でしょうか。

**A**

答えは…

### 記録

スマホの機能にあるよね。

**B**

答えは…

### 記憶

数学だから記憶させるという意味だよ。

**C**

答えは…

### 割り算の余り

「覚える」という意味ではないんだな、これが。

# みんなの数学広場 解答編

## 上級

正解は A

右の図が世界で一番きれいな長方形の縦と横の比率、いわゆる黄金比で書かれている長方形で、縦と横の長さの比が1：$\frac{1+\sqrt{5}}{2}$、およそ5：8くらいです。

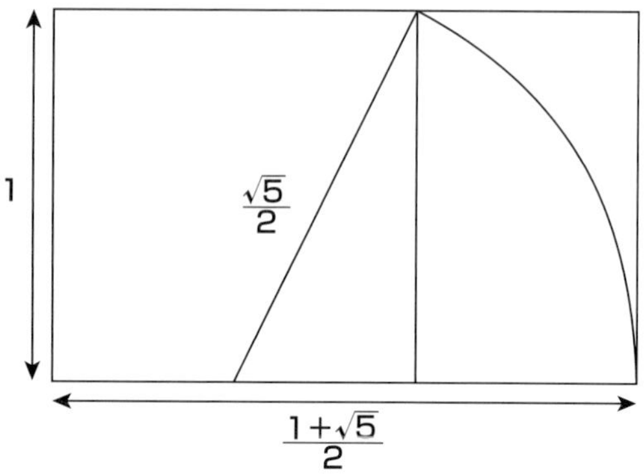


ちなみに、$\frac{1+\sqrt{5}}{2}$は一辺の長さが1の正五角形の対角線の長さでもあります。

さらに、Cさんの解答にあるように、一般に多くのサザエ、オウム貝、カタツムリなどの渦の巻き方と同じなのです！　自然に同じ比率のものがあるなんて驚きですよね。しかし、今回は「作図として正しいのは？」と聞いているので、正解はAさんになります。

これだと1：$\sqrt{2}$、およそ5：7の長方形になるね。"白銀比"と呼ばれるものだよ。

これは作図ではないよね？

東京都市大学 等々力高等学校
TOKYO CITY UNIVERSITY TODOROKI SENIOR HIGH SCHOOL

■理念 ノブレス・オブリージュ
noblesse oblige
―高潔な若人が果たすべき責任と義務―

【高潔】【英知】【共生】

学校見学等は随時受付けています。詳細はお問い合わせください。

〒158-0082 東京都世田谷区等々力8-10-1 Tel.03-5962-0104 ◎交通/東急大井町線・等々力より徒歩10分 ◎http://www.tcu-todoroki.ed.jp/

## 中級

正解は **B**

ユークリッドは紀元前３世紀のころの数学者です。そのユークリッドが出したのが“線分を２つに分かち、小さい方の線分と線分全体とでできる長方形の面積と、大きい方の線分でできる正方形の面積が等しくなるように分けよ”

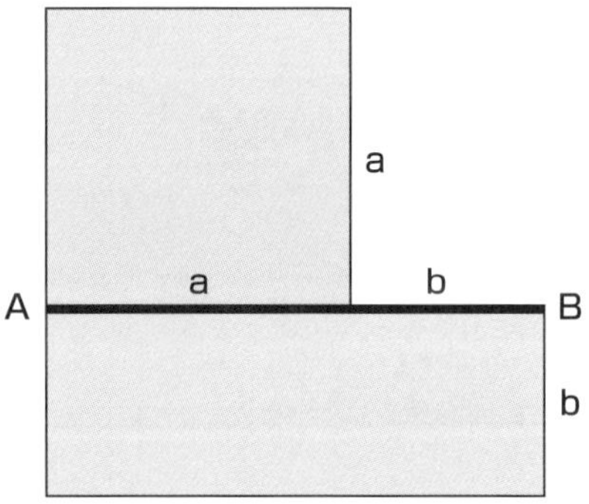


というものです。上の図で言えば、上の正方形の面積と下の長方形の面積が等しいということです。このａ：ｂが黄金比なのです。いまから約2300年も前から知られていたのですね。

A
ピタゴラスは三平方の定理だね。
B
やったね!!
C
ガウスもすごい人だけど、関数を中心に研究した人だよ。

## 初級

正解は **C**

割り算の余りのことで、スペルがじつは“remainder”です。記録しておくことなどを表すのは“reminder”ですから、お間違えなく！

A
どんなときに使うんだろう？
B
“記憶”だったら“memory”かな？
C
やったね!!

先輩に聞け！

# 大学ナビゲーター

## 東京学芸大学

教育学部
初等教育教員養成課程保健体育選修 1年生
安部 澪菜（あべ みおな）さん

# 中学時代に出会った体育の先生のような楽しい授業ができる先生になりたいです

### 実技を中心に保健体育について学ぶ

**——東京学芸大を志望した理由を教えてください。**

「中2のときに体育の授業を受け持っていた先生に憧れて、私も体育の先生になりたいと思い、教員養成に定評のある東京学芸大を志望しました。初等教育の課程は、小学校の教員免許取得をめざす課程ですが、指定科目を履修すれば中高の保健体育科の教員免許も取得できます。中等教育の課程だと小学校の免許は取得できないので、より将来の選択肢が広がるこの課程を選びました。」

**——どんなことを学んでいますか？**

「1・2年生のうちは保健体育について幅広く学びながら、一般教養科目も履修して教養を深め、3年生から国語や算数、図工など、体育以外の科目を勉強していきます。

いま履修している体育の科目は実技が中心で、陸上や水泳、バスケットボール、サッカー、器械運動などさまざまなスポーツを実践していきます。自分たちが体験するだけではなく、教員の立場になって教えるときはどう指導すればいいかを考えて実践する機会もあります。

実技はどれも楽しいですが、なかでも一番好きなのは『体つくり運動』です。これは楽しみながら色々な力を伸ばすために小学校の体育で取り入れられていて、私たちも体幹を鍛えるためにバランスボールに乗った

### ハンドボール部での活動

高校から始めたハンドボールを大学でも続けています。監督がいないので、練習メニューを考えたり、練習試合の相手探しを自分たちでやらなければいけないのは大変ですが、チームみんなで団結して頑張っています。体育会は夜遅くまで練習する部が多いなかで、ハンドボール部は短時間で集中して練習するスタイルなので、アルバイトとの両立もできています。

### 受験勉強は計画的に

何時から何時まではこれをするという形で毎日計画を立てて、各教科をバランスよく勉強していました。途中でつまずくと予定より時間がかかり、予定の範囲が終わらないこともありましたが、そんなときはきりのいいところで次の勉強に切り替えていました。だ

安部さんが通う東京学芸大の校舎外観です

バランスボールを使って行う「体つくり運動」の様子

り、持久力を高めるために鬼ごっこをしたりしました。大学生になって鬼ごっこをするとは思いませんでしたが（笑）、みんなで真剣に走り回ってすごく楽しかったです。

保健体育選修と聞くと、みんな運動神経抜群なのかと思われがちですが、そうでもありません。確かに身体を動かすのが好きな人は多いですが、あるスポーツは得意だけど、あるスポーツは苦手、もしくはできないという人も結構いるので、みんなでサポートしあいながら取り組んでいます。私も水泳が苦手なので、水泳の授業は周りに支えてもらいながら乗り越えました。」

**――実技以外の講義はどうですか？**

「座学では『スポーツ心理学』や『教職入門』がお気に入りです。

『スポーツ心理学』では、例えば運動が苦手な生徒は、運動する前から反射的に、運動＝いやなものだととらえて身体が固まってしまうので、そうしたマイナスな気持ちを持たせないためにはどうするかなど、生徒の心理状態を考慮したうえで指導することが大切だと学びました。

『教職入門』では、国分寺市内の小学校で働く先生が大学に来て、実際の教育現場の話をしてくれます。自分の学校で起こった問題とその解決策など、実践的な話を色々してくれるのでとてもためになります。

そのほか特徴的なのは、保健の関連科目で病気の特徴や予防法などを学ぶ『衛生・公衆衛生学』、人体の機能や構造について学ぶ『人体解剖生理学』です。前者は保健室の先生として、生徒から受けた健康相談の事例をもとに対応の仕方を学ぶこともありました。後者は人体の骨や筋肉の名前をすべて覚えなければいけないのが大変でしたね。」

**――今後の目標を教えてください。**

「私が憧れた体育の先生は、体育が苦手な生徒でも授業を楽しめるように、色々な工夫をしてくれる先生でした。私もその先生のように、苦手な生徒も体育を憂鬱（ゆううつ）に思わずに済むような、さらに言えば楽しいと思ってくれるような授業ができる先生になりたいです。そのためにこれから増えてくる専門的な勉強や、教育実習などにも一生懸命取り組んでいきます。」

らだらと続けると頭も疲れるので、リセットするのも大切だと思います。

## 手帳で勉強量をチェック

時間軸が書かれたバーチカルタイプの手帳を使い、勉強した時間ぶん、教科別の色を塗って勉強時間を記録していました。1日がカラフルな色で埋まるのは、自分が目標としていた各教科をバランスよく勉強した印になるので、それが嬉しくて受験期はずっと続けていました。自分がどれだけ勉強したかも一目でわかるので、手帳を見返すと「これだけやったから大丈夫」と自信も持てました。この手帳の活用は結構おすすめで、それ以外にも、生活スタイルを朝型にすること、重要事項を覚えるためのノートや模試などで間違えたところをまとめたノートを作ることもやっておいてよかったと思います。

## 両立を頑張ってほしい

みなさんのなかには勉強と部活動の両立が難しくて悩んでいる人がいるかもしれません。私も中学生のとき、両立が大変で部活動をやめようと思った時期がありました。でも、いまはやめなくて本当によかったと思いますし、両立したからこそ得られるものがありました。両立は大変だと思いますが、やり遂げた経験は大きな財産になるはずなので頑張ってみてください。

*Bungou Retsuden*

# 古今文豪列伝 第41回

## 国木田独歩（くにきだどっぽ）

*Doppo Kunikida*

国木田独歩は1871年（明治4年）、千葉県銚子で生まれた。父は現在の兵庫県の旧龍野藩士で、戊辰戦争で船が難破し、銚子に上陸してそのまま住んでしまった。

幼名は亀吉、のちに哲夫と改名した。独歩は「独り歩む」ところからつけたペンネームだ。

生まれて間もなく上京、父が司法省（現・法務省）の役人となり、5歳から16歳まで山口、広島、岩国など中国地方を転々とした。

勉強は優秀で、山口県立山口中学校（現・山口県立山口高等学校）に入ったけど、退学して上京、東京専門学校（のちの早稲田大学）英語普通科に入学、文学を志すようになり、1889年（明治22年）、『アンビション（野望論）』を『女学雑誌』に発表した。これがデビュー作だ。英米文学を読みふけり、キリスト教の洗礼を受けたりもした。

校長の方針に反対して退学し、家族が移り住んでいた山口県の家に身を寄せ、近所の子どもたちに英語や作文を教えて暮らした。

徳富蘇峰（とくとみそほう）のあっせんで大分県の学校に英語と数学の教師として赴任したけど、熱心なクリスチャンであるため、周囲からうとまれ、1894年（明治27年）に上京。徳富が創刊した『国民新聞』の記者となったんだ。この年に起こった日清戦争に従軍してルポ『愛弟通信』を連載、これが評判となった。

2度の結婚を経て作家活動に入り、1898年（明治31年）に、『今の武蔵野』（のちに『武蔵野』と改題）を発表。その翌年に報知新聞社に入ったけど、1年ほどでやめ、1903年（明治36年）に『東洋画報』（同年『近事画報』へ改題）の編集長になった。この間、『初恋』『牛肉と馬鈴薯（ばれいしょ）』『鎌倉夫人』『酒中日記』などを次々と発表したんだ。1904年（明治37年）、日露戦争が勃発すると、『近事画報』を『戦時画報』と改題して、リアルな写真を掲載して人気を博し、名編集長との評判をとったんだ。

でも、戦争が終わると部数は激減、独歩は破産し、さらには肺結核にかかり、療養生活を送るようになる。療養しながら『窮死』『節操』『竹の木戸』などを発表。1908年（明治41年）、37歳の若さで亡くなった。東京都武蔵野市の玉川上水のほとりには独歩の文学碑がいくつか立っているよ。

### 今月の名作

国木田独歩

『武蔵野』

『武蔵野』
520円＋税
新潮文庫

武蔵野は現在の東京都西方地区と埼玉県南西部の総称で、この風景の美しさを描いた小説。ロシアの作家、ツルゲーネフの小説が引用されたり、友人との会話や手紙から、春夏秋冬の武蔵野の自然を描写していく抒情（じょじょう）的な文体で書かれている。

# あれも日本語 これも日本語

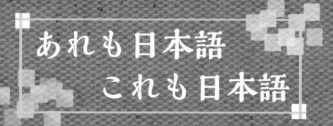

NIHONGO COLUMN No.98

## 「目」の入った慣用句 上

今回は「目」の入った慣用句についてみてみよう。たくさんあるから上、下の2回に分けて掲載するね。

「目からうろこ」とは目にうろこがついていて、よく見えなかったのに、うろこが落ちてよく見えるようになった、という例えから、それまできちんと理解できていなかったものが、あることをきっかけによく理解できるようになることだ。

「二階から目薬」。2階から、下にいる人に向けて目薬をさしても、遠いから的中しないよね。そのように物事がうまく進まず、もどかしかったり、回りくどくて、うまくいかないことを表しているよ。

「目は口ほどにものを言う」。ものを話すのは口だけど、目の動きが、口以上にその人の考えや感情を表すという意味だ。黙っていても目の動きで怒っているか、悲しんでいるか、わかるよね。

「一目置く」は囲碁から出た言葉だ。囲碁では弱い方が強い方に石を置いてゲームを始めるけど、その際、1目を置くことから、相手を自分より優れていると認めて敬意を示すことだ。「A君は数学も英語も得意で、クラス仲間から一目置かれている」なんて言われるとかっこいいね。

「鵜の目鷹の目」。ウもタカも獲物を獲るために鋭い目をするね。そのような鋭い目でなにかを探すことだ。「彼はフリーマーケットで、鵜の目鷹の目で骨とう品を探していた」とかね。

「鬼の目にも涙」。鬼は恐い生きものだから泣かないと思っていたけど、その鬼でも涙を見せる、ということから、鬼のように冷酷で厳しい人でも同情や感動で涙を流す、という意味だ。「コーチは厳しくて鬼のようだと思っていたけど、優勝したら目頭を押さえていた。鬼の目にも涙だ」なんてね。

「生き馬の目を抜く」。生きている馬が気がつかないうちに目を抜き取る。そんなありえないほどの素早さで物事を行うことだ。転じて油断ができない、という意味でも使われる。「東京は生き馬の目を抜くところだから、気をつけて生活しなさい」という風に使われる。

「大目玉を食う」は目上の人から厳しく叱られることだ。目を見開いて怒っている顔が目に浮かぶね。

今月のキーワード
## 豊洲市場

▲PHOTO 築地市場からの移転が決定した豊洲市場の水産卸売場棟（右）と水産仲卸売場棟（左）（2017年11月2日・東京都江東区）　写真：時事通信フォト／朝日航洋

都民の台所といわれる東京都中央区の築地市場が、今年10月に南東に約2．5㎞離れた江東区豊洲に移転することが正式に決まりました。

築地市場は1923年（大正12年）の関東大震災で、東京・日本橋などにあったいくつかの市場が壊滅したことから、昭和の初めに建設されたのが始まりです。

広さは約23ha、年間取引量約100万t、年間取引高約6000億円で、日本ではもちろん、世界でも最大規模の卸売市場です。

現在はトラック輸送が中心ですが、当初は鉄道輸送が中心だったため、いまでは駐車場が手狭で、迅速な輸送に支障をきたすようになっています。また、施設が老朽化し、耐震性や防火性などにも問題があるとされてきました。こうしたことから、東京都では建て替えと移転のどちらにするかを検討しましたが、建て替えは経費がかかることや適当な代替施設が見つからないなどの理由から、2001年（平成13年）、豊洲に移転することを決定しました。

ところが、移転先と決まった豊洲の候補地には土壌汚染があることが判明したのです。このため、都議会の一部や築地で働く人々を中心に移転反対の声があがり始めました。

豊洲の候補地は元々、東京ガスの貯蔵施設があった場所で、戦前は旧軍の毒ガスや化学兵器の研究施設があったことも判明しました。

東京都では、汚染された土壌は掘り返して浄化処理したため問題はないとしましたが、2009年（平成21年）の都議会選挙で、自民党に代わって、第一党になった民主党は移転反対を表明しました。その後、都と市場関係者が豊洲移転で合意したことで賛成に転じ、2016年（平成28年）11月に移転することが正式に決定しました。

ですが、同年8月の都知事選挙で当選した小池百合子知事は、一転して移転延期を表明、安全委員会を設置し、さらなる安全調査を行うこととなりました。安全委員会は昨年3月、科学的、法的に安全との結論を出し、議会も承認して、ようやく今秋、移転することになったのです。

当初の計画よりも2年遅れで移転することになったわけですが、この間、市場関係者には遅延のための補償費約90億円が都民の税金から支払われています。

移転後の築地については、まだ正式には決まっていませんが、市場機能の一部を残す案や「食のテーマパーク」とする案などがとりざたされています。

大野 敏明　ジャーナリスト
（元大学講師・元産経新聞編集長）

**ミステリーハンターQ（略してMQ）**

米テキサス州出身。某有名エジプト学者の弟子。1980年代より気鋭の考古学者として注目されつつあるが本名はだれも知らない。日本の歴史について探る画期的な著書『歴史を掘る』の発刊準備を進めている。

# ミステリーハンターQの 歴男歴女養成講座

**春日 静**

中学1年生。カバンのなかにはつねに、読みかけの歴史小説が入っている根っからの歴女。あこがれは坂本龍馬。特技は年号の暗記のための語呂合わせを作ること。好きな芸能人は福山雅治。

**山本 勇**

中学3年生。幼稚園のころにテレビの大河ドラマを見て、歴史にはまる。将来は大河ドラマに出たいと思っている。あこがれは織田信長。最近のマイブームは仏像鑑賞。好きな芸能人はみうらじゅん。

## 口分田

**今回のテーマは口分田。班田収授法によって人々に貸し与えられた土地をさし、律令国家の基本となる土地制度だ。しっかり確認しておこう。**

**勇** 昔の土地の所有制度で、口分田というのがあったと聞いたんだけど……。

**MQ** 古代、班田収授法によって人々に使用が認められた土地のことだね。

**静** 班田収授法ってどんなものなの？

**MQ** 645年に始まる大化の改新によって採用された土地の利用方法だ。唐の均田法にならった制度といわれている。701年の大宝律令の制定によって確立されたんだ。

**勇** 具体的にはどういう制度なの？

**MQ** 646年に出された改新の詔は公地公民、班田収受法、地方制度、税制の4つからなっていて、公地公民はすべての土地と人民は公のものだという考えを示した。そして土地は人々に貸し与えるものとしたのが班田収授法だ。

**静** それじゃ、人々は朝廷から土地を貸してもらったの？

**MQ** 簡単にいうとそういうことだ。6年ごとに作られる戸籍に基づいて、皇族から一般の人まで（良民）、6歳以上のすべての人に田畑を貸すもので、男性には2段（約23アール）、女性はその3分の2が支給された。ただし、奴隷的身分であった奴婢など（賤民）には一般の人の3分の1が支給された。

**勇** 貸してもらった土地はずっと使っていいの？

**MQ** 終身で使用することが認められていたんだ。でも租と呼ばれる税を納めなくてはならない。こういう土地を輸租田といい、死去した場合は土地を返納することが決められていた。

**静** 税を納めなくてもいい土地もあったの？

**MQ** 大臣や大納言といった高級官僚や国司などの地方官僚のトップに与えられた職田、神社に与えられた神田、寺院に与えられた寺田などは不輸租田と呼ばれ、税を払わなくてよかったんだ。

**勇** 口分田にはどんなメリットがあったの？

**MQ** 土地の所有に関する争いが少なくなった。土地の質や面積によって税は公平に割り当てられたから、民生が安定したし、朝廷としても税収入の確保もできた。でも、9世紀以降、律令制度がゆるんでくると、所有者が死去しても返納しなくなったり、自分で開墾した土地を自分の所有にしたりするようになり、902年に口分田が支給されたのを最後に消滅してしまうんだ。

# サクセス書評

④月号

## 子どもから大人までとりこにする世界観を味わってみよう

「指輪物語」や「ハリー・ポッター」シリーズといった、児童文学にとどまらず子どもから大人まで、世界中で親しまれているファンタジー小説が外国文学にはあるが、日本にも、それに負けず劣らずの作品がある。それが『精霊の守り人』を始まりとする「守り人」シリーズだ。

　架空の世界を舞台に、新ヨゴ皇国皇子のチャグムをめぐる陰謀や奇妙な出来事に巻き込まれることになった女用心棒のバルサが主人公。

　とある理由から、じつの父親である新ヨゴ皇国の帝から暗殺されそうになったチャグムを、彼の母・二ノ妃から託されたバルサ。迫り来る皇国の〈狩人〉たちから一度はかろうじて逃げきるが、その追撃がやむことはない。

　さらに、チャグムがなぜ命を狙われることになったのかを幼なじみの薬草師・タンダや、その師匠で呪術師のトロガイと探っていくと、大陸を揺るがすほどの重大事であることがわかる。

　その秘密とは、「水の守り手」と呼ばれる水の精霊「ニュンガ・ロ・イム」が、100年に一度卵を産むのだが、その卵が孵化するまで、身体のなかで守る「精霊の守り人（ニュンガ・ロ・チャガ）」にチャグムが選ばれていたということだった。

　100年に一度の大干ばつにも大きくかかわるこの卵を、狙って現れると言い伝えられている「ラルンガ」という強力な土の精霊にも追われながら、チャグムを守るために文字通り命がけでバルサは戦うことになる。

　息つく暇もない戦闘シーンのおもしろさもさることながら、著者が文化人類学者でもあることから、その研究が基になっている、みずみずしいまでの、登場人物たちの生活場面描写も1つの見どころだ。

　2016年（平成28年）3月からNHKでテレビドラマ化され、最終シリーズとなる第3シリーズが今年の1月まで放送されていた。

　また、英語、フランス語、イタリア語、スペイン語などにも翻訳されており、日本だけにとどまらない人気を博してもいるシリーズだ。

**『精霊の守り人』**
著／上橋菜穂子
価格／590円＋税
刊行／新潮社

今月の1冊

# 『精霊の守り人』

サクセスシネマ

# SUCCESS CINEMA

vol.98

## 音楽ってすばらしい

### オケ老人！

**2016年／日本**
**監督：細川徹**

『オケ老人！』
価格：Blu-ray 4,800円＋税
発売元：インターフィルム／ミッドシップ
©2016荒木源・小学館／「オケ老人！」製作委員会

#### 大切なのは音楽を楽しむこと

タイトルの「オケ老人」とは、老人ばかりで構成されるオーケストラのこと。

あるオーケストラの演奏に感動し、バイオリンを弾いていた学生時代を思い出した千鶴。そのオーケストラに入団したいと、責任者に電話をしてみると、なんと入団を許可されました。バイオリンを手に練習場所で待っていると、集まってくるのはなぜかお年寄りばかり。なにかおかしいと感じる千鶴ですが…。

耳が遠く大きな音で演奏しても自分では気づかなかったり、練習中におやつを食べてしまったりと、お年寄りたちはみんな自由で思わず笑ってしまいます。しかし、楽しそうに演奏する姿や、練習後に近くの飲み屋に繰り出して、仲間とわいわい盛り上がる姿はとても若々しく素敵です。ところで肝心の演奏の方はというと…映画を観て確かめてください。さて、彼らはどんな音楽を奏でるのでしょうか。

明るくパワフルなお年寄りたちから元気をもらえるとともに、その奮闘ぶりから音楽を楽しむことの大切さを学べることでしょう。

### SING／シング

**2016年／アメリカ**
**監督：ガース・ジェニングス**

『SING／シング』
価格：1,886円＋税
発売元：NBCユニバーサル・エンターテイメント

#### 動物たちのすばらしい歌声

素敵な歌声を持つさまざまな動物が登場するアニメーション映画です。

コアラのムーンは、父から贈られた劇場の総支配人です。しかし、劇場はヒット作に恵まれず経営の危機を迎えていました。そこでひらめいたのが、歌手発掘のオーディションを開催することでした。魅力的な出演者が集まりますが、色々とハプニングが発生し、前途多難です。劇場は、オーディションは、どうなるのでしょうか。

ゴリラやブタ、ネズミ、ヤマアラシなど、さまざまな動物たちがオーディションの出演者として登場。それぞれにすばらしい歌声を披露してくれます。注目はゾウのミーナ。人前で歌うのが苦手で、なかなかその才能を発揮することができませんが、聴き終わったあとに思わず「ブラボー！」といってしまうような圧巻の歌唱力を持っています。ある女性歌手が吹き替えを担当しましたが、だれか、みなさんはわかりますか。

「SING」というタイトルの通り、歌うことの大いなるパワーを感じられる作品です。

### はじまりのうた BEGIN AGAIN

**2013年／アメリカ**
**監督：ジョン・カーニー**

『はじまりのうた BEGIN AGAIN』
発売・販売元：ポニーキャニオン
価格：DVD 3,800円（本体）＋税
©2013 KILLIFISH PRODUCTIONS, INC. ALL RIGHTS RESERVED.

#### 音楽を愛する２人の出会い

１人の音楽プロデューサーと才能あふれるシンガーソングライターとの出会いを描く物語です。

かつて一世を風靡（ふうび）した音楽プロデューサーのダンでしたが、現在ではすっかり落ちぶれてしまい、仲間からも煙たがれる存在になっていました。しかし、音楽にかける想いは人一倍強いのです。そんなときに出会ったのが、シンガーソングライターのグレタです。グレタも自分の音楽に強い想いを持っていました。彼らはグレタの歌を売り出すために、デモ音源を作ることにしますが、お金がありません。そこで思いついたのがスタジオを借りるのではなく、街中でレコーディングをするということでした。

レコーディングは、すぐ近くで子どもが遊ぶ通りやビルの屋上といったごくありふれた場所で行われます。しかし、グレタのソウルフルな歌声と美しい曲が流れると、そこがとても素敵な場所に感じられるから不思議です。

ダンとグレタの信念を持って生きる姿はとてもかっこよく、見ていると爽やかな気分にさせてくれます。

なんとなく

身の回りにある、知っていると勉強の役に立つかもしれない知識をお届け!!

# 得した気分になる話

先生　生徒

## 88歳は「米寿」ってどういうこと!?

今日はね、おじいちゃんのお祝いをするんだ。

なんのお祝いなんだい？

「米寿（べいじゅ）」とか言ってた。

じゃあ88歳になられたんだね。

どうしてわかったの？

88を漢数字で書くと「八十八」だから、これを組みあわせると「米」という漢字ができるでしょ？

へ～。そういうことか、なるほどね。じゃあ、ほかの年齢もあるの？

結構あるよ。

知らなかった。教えて！　教えて！

ではまず、60歳から。これは聞いたことがあるんじゃないかな。「還暦」という。60年で十二支の組みあわせがひと回りするところから来ているんだ。次は70歳で「古希（こき）」。これは昔の中国の詩人・杜甫（とほ）の詩「人生七十古来稀なり」（70歳まで長生きするものは、昔から非常に少ない）から来ている。

へ～。その次は？　80歳？

ではなくて、77歳で「喜寿（きじゅ）」という。これはね、喜ぶという漢字の草書体が「㐂」と書くからなんだよね。

そんな字見たことないなあ…。

まあ、あまり見る機会はないかもしれないね。次が80歳で「傘寿」だ。これは「さんじゅ」と読むんだけど、この「傘」という漢字の略字が「仐」と書くんだ。どう見ても漢数字の「八十」だよね。

こんな漢字も初めて見た。

次がさっきの米寿で88歳。

米寿のあともあるの？

あるよ。90歳が「卒寿（そつじゅ）」。理由は…。

ちょっと待って。理由を考えるから。きっと漢数字の「九十」にヒントがあるんだよね。

そうだ。いいぞ。でも難しいよ。

う～ん。でもわからないや。正解は？

「卒」は昔は「卆」と書いたんだ。だから「九十」で卒寿。私もこの字は知らなかったけどね。

まだあるの？

まだある！　厚生労働省の調べによると、2015年（平成27年）の日本人の平均寿命は女性86.99歳、男性80.75歳だからね。長寿の人にはこのあとも必要でしょう。

じゃあ100歳？

惜しい！　99歳で「白寿（はくじゅ）」というのがあるんだ。

99歳？　100歳の方がキリがいいのにね。

確かにそうなんだけどね。100－1＝99、つまり、「百」という漢字から「一」を取ると、「白」くなるんだよ。

米寿といっしょで昔の人はシャレが好きだね。最後はさすがに100歳でしょ？　「百寿（ひゃくじゅ）」？

大正解！

これからの時代は「百寿」をめざせ！　だね。

そうだ。でも、私は100歳まで健康管理をしっかりして生きる自信はないなあ。

先生は大丈夫！　100歳まで生きるよ。

どうしてそんなに自信満々に予測できるの？

だって「憎まれっ子世にはばかる」って言うでしょ？

え？　どういうこと？　そんなこと言われるなら、112歳まで生きてやる!!

なんで112歳？

112歳を「珍寿（ちんじゅ）」（注）というからだよ。ここまで生きると珍しいということで。

先生ならいける！　という気がしてきたよ…。

注：「珍寿」は、ほかにも95歳や112歳以上の誕生日の際にも使われることがある。

# 高校受験 ここが知りたい Q&A

## 春休みにはどんな勉強をしておけばいいですか？

もう少しすると３学期も終わり、春休みになります。春休みにはあまり宿題も出ないと聞きましたが、春休みの間はどのような勉強をしたらいいのでしょうか。具体的に教えてください。

（さいたま市・中１・HK）

## １年間の復習と苦手分野の補強を優先的に 塾の春期講習に参加するのもおすすめです

春休みは学年が切り替わるタイミングですから、ご質問者のようにどんな勉強をすべきか迷う人もいるでしょう。休み中も勉強しようとする姿勢はすばらしいので、これから話すポイントを参考に、ぜひ有意義な春休みを過ごしてほしいと思います。

さて、まずやってほしいのは前の学年の復習です。量が多くて大変だと思えるかもしれませんが、目的は、自分がその分野を本当に理解しているかどうかを確認することですから、理解が不十分、もしくは苦手に感じる分野が見つかったら、その分野の補強をしていきましょう。教科書や易しめの問題集などに取り組むことで効果的な復習ができるはずです。

そして、得意科目については、より実力を伸ばすための勉強をおすすめします。比較的時間に余裕がある春休みは、意欲的な学習が可能な時期です。少しレベルの高い問題集にチャレンジしたり、次の学年の予習をしてみてはどうでしょうか。

さらに、もし現在塾に通っていないなら、塾の春期講習を受講してみるのも大いに意義があると思います。春期講習は、前の学年の総復習と次の学年の予習をカバーできるような講座で、また、短期間で適切な教材を使用しつつ、重要なポイントをおさえてくれるので、勉強のペースメーカーとしての機能も期待できます。ぜひお近くの塾で講習について確認してみてください。

Success Ranking

# 東京メトロの乗降人員ランキング

東京都内の移動に欠かせない東京メトロ。毎日多くの人が利用しているけど、そのなかでもどの駅が乗降人員が多いのか知っているかな。他社の鉄道と直通運転をしている直通連絡駅および共用している駅は別にランキングにしたから、合わせて見てみてね。

## 駅別乗降人員ランキング

| 順位 | 駅名 | 路線名 | 人員(人) |
|---|---|---|---|
| 1 | **池袋** | 丸ノ内線、有楽町線、副都心線 | 557,043 |
| 2 | 大手町 | 丸ノ内線、東西線、千代田線、半蔵門線 | 325,067 |
| 3 | 北千住 | 千代田線 | 291,464 |
| 4 | 銀座 | 銀座線、丸ノ内線、日比谷線 | 251,459 |
| 5 | 新橋 | 銀座線 | 247,273 |
| 6 | 新宿 | 丸ノ内線 | 233,555 |
| 7 | 渋谷 | 銀座線 | 219,936 |
| 8 | 上野 | 銀座線、日比谷線 | 209,130 |
| 9 | 豊洲 | 有楽町線 | 208,012 |
| 10 | 東京 | 丸ノ内線 | 204,287 |
| 11 | 高田馬場 | 東西線 | 200,964 |
| 12 | 飯田橋 | 東西線、有楽町線、南北線 | 190,749 |
| 13 | 日本橋 | 銀座線、東西線 | 184,397 |
| 14 | 表参道 | 銀座線、千代田線、半蔵門線 | 177,078 |
| 15 | 有楽町 | 有楽町線 | 172,303 |
| 16 | 九段下 | 東西線、半蔵門線 | 170,878 |
| 17 | 西日暮里 | 千代田線 | 169,159 |
| 18 | 新宿三丁目 | 丸ノ内線、副都心線 | 156,401 |
| 19 | 霞ケ関 | 丸ノ内線、日比谷線、千代田線 | 148,944 |
| 20 | 国会議事堂前・溜池山王 | 銀座線、丸ノ内線、千代田線、南北線 | 144,028 |
| 21 | 市ケ谷 | 有楽町線、南北線 | 142,685 |
| 22 | 六本木 | 日比谷線 | 134,369 |
| 23 | 茅場町 | 日比谷線、東西線 | 127,550 |
| 24 | 三越前 | 銀座線、半蔵門線 | 127,157 |

「国会議事堂」および「溜池山王」は駅の構造上同一駅としてランキング、下の他鉄道との直通連絡駅および共用している駅の乗降人員は順位から除外

## 他鉄道との直通連絡駅および共用している駅の乗降人員ランキング

| 順位 | 駅名 | 路線名 | 人員(人) |
|---|---|---|---|
| 1 | **渋谷** | 半蔵門線、副都心線 | 810,170 |
| 2 | 綾瀬 | 千代田線 | 447,118 |
| 3 | 北千住 | 日比谷線 | 293,231 |
| 4 | 西船橋 | 東西線 | 289,430 |
| 5 | 代々木上原 | 千代田線 | 268,742 |
| 6 | 中目黒 | 日比谷線 | 224,957 |
| 7 | 和光市 | 有楽町線 | 181,289 |
| 8 | 小竹向原 | 有楽町線、副都心線 | 172,740 |
| 9 | 押上〈スカイツリー前〉 | 半蔵門線 | 170,182 |
| 10 | 中野 | 東西線 | 157,499 |
| 11 | 目黒 | 南北線 | 112,752 |
| 12 | 赤羽岩淵 | 南北線 | 87,514 |
| 13 | 白金高輪 | 南北線 | 42,216 |
| 14 | 白金台 | 南北線 | 17,969 |

※どちらも各駅における1日の平均乗降人員(2016年度)を掲載。「各駅の乗降人員ランキング」(東京メトロ)をもとに作成

EDUCATIONAL COLUMN

## 15歳の考現学

現実に起こる事象を題材に
思考力試すこれからの入試

私立 INSIDE

## 私立高校受験

私立高校をめざそうとする
中学3年生の1年間

公立 CLOSE UP

## 公立高校受検

2018年度高校入試の
志望動向は？

BASIC LECTURE

## 高校入試の基礎知識

国立、公立、私立高校の
違いを知っておこう

# 受験情報

## 神奈川　神奈川公立高全日制は平均競争率1.20倍

神奈川の公立高校155校で2月14日、2018年度入試（共通選抜）のうちの学力検査（5教科）が行われた。

受検者数は全日制5万37人（募集人員4万1785人）、定時制1772人、通信制322人。平均競争率はそれぞれ1.20倍、0.66倍、0.26倍だった。

翌15日、16日には面接、特色検査が行われ（実施日程は各校による）、合格発表は2月27日に行われた。

## 千葉　千葉公立高の前期は全日制に3万8868人

千葉の公立高校で2月13日、前期入試が行われた。

5教科の学力検査が行われ、翌14日に面接、20日に合格者が発表された。

県教育委員会によると、全日制128校には3万8868人が受検し、平均倍率は1.73倍。インフルエンザを理由に保健室などの別室で受験したのは272人で、前年より79人多かった。

定時制の17校では729人が受検。平均倍率は0.84倍だった。

なお、後期入試は3月1日に行われた。

## 東京　都立高全日制入試は最終応募倍率1.44倍

東京都教育委員会は2月15日、2018年度の都立高校入試（学力検査による入学者選抜）の最終応募状況をまとめた。

全日制は1.44倍だった。入試はこのあと2月23日、合格発表は3月1日に行われた。

全日制は172校3万1490人の募集に対し、願書取り下げや再提出の結果、4万5216人が応募した。

男子は2.39倍の**戸山**、女子は2.43倍の**広尾**が倍率トップ。38校（前年度比26校増）で定員割れした。

定時制は0.88倍。学年制（夜間定時制）は0.38倍、不登校経験者や中退者向けのチャレンジスクール（チャレンジ枠を含む）は1.49倍だった。

# 15歳の考現学

# 現実に起こる事象を題材に思考力試すこれからの入試

森上 展安（もりがみ のぶやす）

森上教育研究所所長。1953年、岡山県生まれ。早稲田大学卒業。進学塾経営などを経て、1987年に「森上教育研究所」を設立。「受験」をキーワードに幅広く教育問題を扱う。近著に『教育時論』（英潮社）や『入りやすくてお得な学校』『中学受験図鑑』（ともにダイヤモンド社）などがある。「わが子が伸びる親の技研究会」主催。教育相談、講演会も実施している。
HP：oya-skill.com

## 注目される開成中学の出題　変わる大学入試の先取りに

本稿の執筆時点は、高校入試直前ですが、中学入試の直後です。その中学入試の傾向に変化が出たことをぜひお伝えして、今後の学習、また学校選びに役立てていただければ、と思います。

今回お伝えする変化というのは（あくまでも中学入試であって、高校入試ではありませんが）、これからの大学入試の変化を見据えたものです。つまり、いま高校に進んだ新入生から向かう「大学入学共通テスト」の変化に対応したものです。

それは開成の中学国語で出題されました。従来の説明文の類とはまったく異なります。

題材とされたのは架空の会社が弁当を大手デパートの2つの支店で売るのですが、仕入れ個数の判断が異なり結果も異なりました。新宿支店は大西社員が500個仕入れ、これより「規模がやや小さい」池袋支店の小池社員は450個仕入れたところ、最終的に、新宿支店は19時の閉店を待たずに18時で売り切れ、一方の池袋支店は19時までに430個売れたが20個売れ残った、というもの。

この2支店の時間ごとの弁当の売り上げ推移をグラフ（右下）に示して、2人の社員の評価について部長と社長の評価が異なる。どう異なるかを読み取らせようとする。

まず問1で、部長の報告が「客観性に欠ける」との社長の指摘を受けて、部長報告のどの部分がそれにあたるか2つ、なるべく短い字数で「書きぬきなさい」というもの。

続いて問2で社長の評価が部長のそれとどのように違う考えなのかを「たしかに」「しかし」「一方」「したがって」の4つの言葉を順に使って4文で説明しなさい、としている。

## 生活に根ざした場面で　思考力、表現力を試す

このような「場面を読み取り、与えられた情報を整理して、条件に基づいて表現する力」は、さきごろ実施された大学入学共通テストの試行テストで出題された問題と、同じ問題意識といっていいと思います。

中学入試問題で、これまで国語の問題の背後にはテーマが隠されており、それらは友人、親子、家族の情愛や、自然、環境など、いわば倫理的なテーマが中心といえました。

これは説明文、小説を問いません。

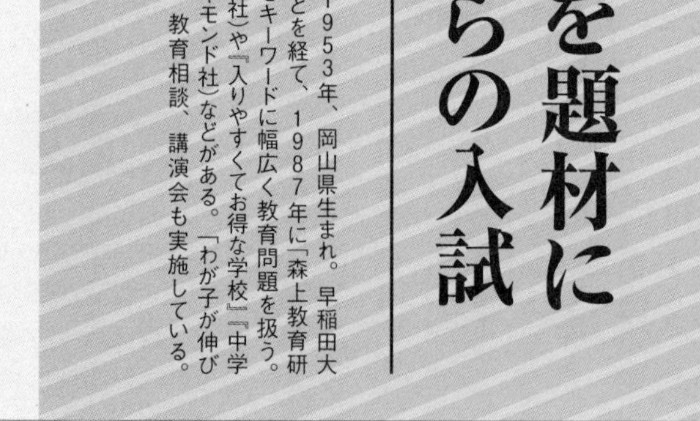


| | 9時 | 10時 | 11時 | 12時 | 13時 | 14時 | 15時 | 16時 | 17時 | 18時 | 19時 |
|---|---|---|---|---|---|---|---|---|---|---|---|
| ●大西（新宿支店担当：500個発注） | 0 | 30 | 61 | 115 | 212 | 250 | 298 | 368 | 445 | 500 | 500 |
| △小池（池袋支店担当：450個発注） | 0 | 19 | 42 | 80 | 155 | 208 | 240 | 308 | 365 | 402 | 430 |

開成中学の国語入試で出題されたグラフ

しかし今回の出題は、いってみれば現実的、具体的な場面への応用というべき問題設定です。日ごろは消費者としてしか意識して生活していないものですが、考えてみれば大人の生活は、逆に供給者としての生活が、そのほとんどを占めます。

　その現実のなかで消費行動を予想しつつ言語活動を行うことは、むしろ日常茶飯のことで、そこで用いられる表現について、あるいは論理について考えをめぐらすことは、さらに言語技術習得にとって有益かつ必要なことです。

　グラフを読めば新宿支店では閉店1時間前に弁当が売り切れ、池袋支店では閉店まで売り続けることができました。これを売り上げ高でみれば500個仕入れて売り切った新宿支店の方が売り上げでは貢献しましたが、一方の池袋支店は450個を仕入れて430個を売り、こちらは売り切れなくて在庫が残ったし、売り上げも少なかった、と考えがちです。部長の評価も、そう考えていることが文中で読み取れます。

　しかし、社長はそれとは逆に池袋支店の方に高い評価を与えていることを文中で明示しています。

　明らかに社長の判断は、売り上げ高に着目するのではなく欠品（品切れ）を起こさないことを重視していることがわかります。もっといえば売り切れずに残った廃棄ロスよりも、お客の購入意欲をそいだ欠品、すなわち機会損失を重くみていることが読み取れるのです。

　もちろん、考え方としては例えば個人商店などでは在庫を抱えるよりは仕入れた商品が早めに売り切れればいいとし「売り切れ続出！」をアピールしていく考え方もあります。

　しかし、現代の消費社会では客のその店に対するロイヤルティ（品物をそのお店で買おう、という客）を重視します。ほかのお店でも買えるものを、そのお店で買おう、という意欲と言い換えてもいいでしょう。

　これを重視する理由は、現代の大量消費社会は、必要なものを便利に入手できる状況に限りなく近づいていて、アメリカなどではお店に行かずアマゾンでなんでも買ってしまい、お店は実物をみて品質を確認する場という位置づけになりつつあります。日本はそこまでいっていませんが、同じサービスやものを売る店舗はそう遠くない近隣にたくさんありますから、お店としてはそのお店に来るお客を大事にすることが重要です。

また、そこに行けば買いたいものが買える必要もあります。

　それに対して、わざわざ購買に行ったのに品切れというのでは客離れの誘因になります。それに比べれば廃棄ロスが多少出たとしてもお客様を裏切らないことが大切だ、ということになります。

## 一面的なものの見方を排し情報の分析力も鍛えたい

　一方で、売り上げグラフを見れば、新宿支店にあっては昼過ぎになっても1時間に少なくとも38個は売れているわけですから、午後の早い段階で、池袋支店から融通してもらうなり、なんらかの追加仕入れもできた可能性があります。グラフからはそうした予測もできます。

　もっともその時点で仕入れは無理だったかもしれませんので、やはり仕入れ個数を見誤って欠品したことが社長の評価を低くしているのでしょう。グラフの勢いではあと50個は、18時から19時までの閉店前1時間で売れた可能性があります。お客も買い損ねましたが、お店も売り損ねたわけで、本来なら得られた利益を得られなかったということですね。

　こうした考え方は生活のなかでよく出会うことですが、入試で問われることは考えにくかったですし、これを言語表現として問うことも授業のなかでは少なかったでしょう。

　「ディベート」がこれからの教育課程に入ってきます。ディベートで大切なデータや情報の扱い方、また、それを表現することについて、入試問題として認知されたことは大きな意味があります。

　こういった出題は、今後おそらく開成中学よりも開成高校や都立高校など高校入試での出題がむしろ多くなるだろうと思っています。なぜなら小学生よりも中高生の方が行動圏が広くなりますし、学校内外で現実的な問題により多く遭遇するので考えを深めやすいと思うからです。

　いま、こうした問題が、国語の問題集に掲載されていることはまずありません。それでは対策のしようがないように思われるかもしれませんが、与えられた情報や条件を吟味することは、既存の問題でも可能です。ただ今回の問題がそうであるように、現実に起こっている題材というところに新味があります。

　日常的な家族、学校、塾などで出会う問題共有場面での会話が、案外気づきにつながります。

私立 INSIDE

# 私立高校をめざそうとする中学3年生の1年間

中学3年生になる受験生が、私立高校を受験しようとするとき、この春からどのような1年間を送ることになるのかをまとめました。ここでは首都圏全体の平均的なスケジュールを示しましたが、4都県それぞれ微妙な違いがありますので注意が必要です。

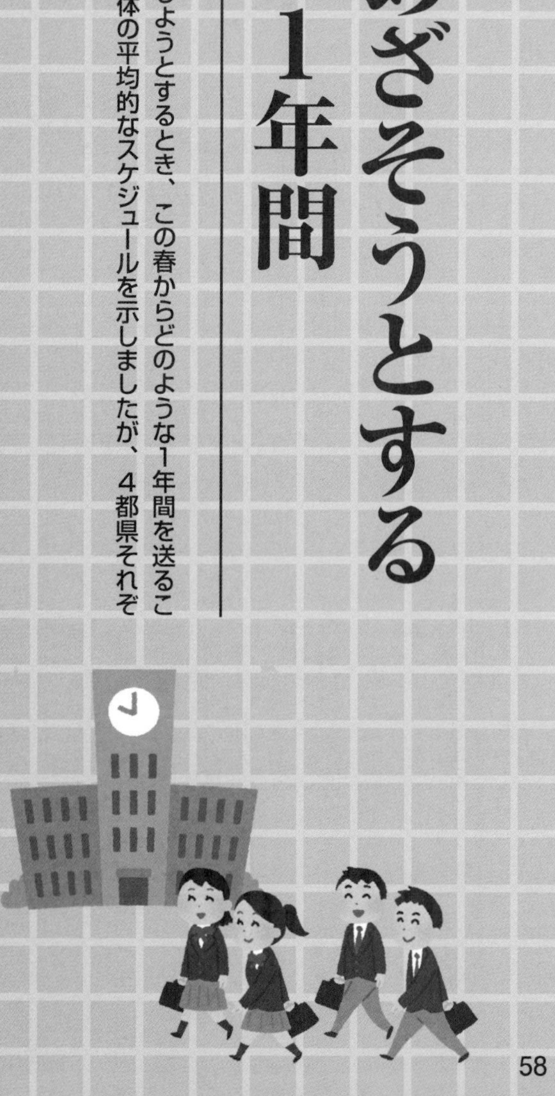

合格!!　高校生に

| 2月 ～ 3月 | | 1月 |
|---|---|---|
| ・卒業式<br>・学年末試験<br>・二次募集 | ・合格発表<br>・公立高校一般(後期)入試<br>・私立高校一般入試<br>・公立高校一般(後期)出願 | ・公立高校推薦(前期)入試<br>・公立高校推薦(前期)出願<br>・私立高校推薦入試<br>・私立高校出願 |

## 「志望校選び」が出発点 三者面談までには決定を

中学3年生が高校に出願し受験するまでに、やらなければならないことは勉強だけではありません。

そしてその間、志望校について保護者の方とも十分な話し合いを進める必要があります。

例えば、あなたが「あの私立高校に行きたい」と思っていても、ご両親はどんなお考えなのでしょう。

受験生の思いだけで志望校選択を進めると、ご両親が上限と考えている学費の面などを考慮することを忘れがちです。いざ出願、そのときになっての意思表明では、家族の考えとのミスマッチに苦しむこともあります。

ただ、学費の面では、ここ数年、各都県の給付支援金が充実してきていますし、2020年度からは、政府主導の高校授業料無償化制度がさらに見直され、私立高校にも適応されることになりそうです。

また私立高校は、各校で奨学金制度や特待生制度を持ってもいます。

このように公立と私立の学費格差は着実に縮まってきていますので、保護者の方も、頭から「私立はお金がかかる」という先入観はいったん捨て、よく調べてみましょう。

## 志望校選びは まず学校を知ることから

いまから、まずやらなければならないのが志望校選択ですが、中学3年生になるみなさんは、「学校を知る」ことから始めましょう。

「2年生のうちから学校見学に行きました」という受験生もいるかもしれませんが、ほとんどの場合はこれからだと思います。

まずは、志望するかもしれない学校を5～6校は探し出し、それぞれ

**中学3年生の1年間**

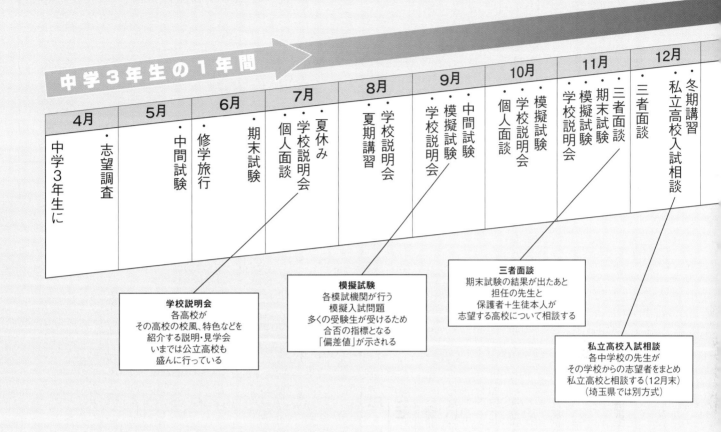

| 4月 | 5月 | 6月 | 7月 | 8月 | 9月 | 10月 | 11月 | 12月 |
|---|---|---|---|---|---|---|---|---|
| ・志望調査<br>中学3年生に | ・中間試験 | ・期末試験<br>・修学旅行 | ・夏休み<br>・学校説明会<br>・個人面談 | ・学校説明会<br>・夏期講習 | ・中間試験<br>・模擬試験<br>・学校説明会 | ・模擬試験<br>・学校説明会<br>・個人面談 | ・三者面談<br>・期末試験<br>・模擬試験<br>・学校説明会 | ・冬期講習<br>・私立高校入試相談<br>・三者面談 |

**学校説明会**
各高校が
その高校の校風、特色などを
紹介する説明・見学会
いまでは公立高校も
盛んに行っている

**模擬試験**
各模試機関が行う
模擬入試問題
多くの受験生が受けるため
合否の指標となる
「偏差値」が示される

**三者面談**
期末試験の結果が出たあと
担任の先生と
保護者＋生徒本人が
志望する高校について相談する

**私立高校入試相談**
各中学校の先生が
その学校からの志望者をまとめ
私立高校と相談する（12月末）
（埼玉県では別方式）

の学校を調べるところから始めます。

通学できる範囲の学校、男子校、女子校か、共学校か、などで選り分けながら、数校をピックアップしましょう。そして、次の段階が、その学校を知ることです。

**■学校見学と学校説明会**

私立高校を知る手段としては、まず、学校説明会があげられます。各私立高校では、おもに6～7月ぐらいから、土曜日、日曜日を使い、受験生にその学校に来てもらう説明会を開きます。

いくつかの学校が集まって開催する「合同学校説明会」という催しもあります。これは一度に数多くの学校の説明を聞くことができる機会です。ただ、志望校として絞り込んだ学校には、やはり、実際に足を運ぶことをおすすめします。

このほかに学校見学会やオープンスクールといった名称で、学校を見学したあと、部活動などを体験できる機会も設けられています。

体育祭、文化祭、合唱祭など、学校行事を見学できるイベントを用意している学校も数多くあります。これらのイベントは秋以降に開催されることが多いのですが、私立高校のうちの難関といわれる学校では、5月ごろから夏休みまでに行われてしまうことも多いので注意が必要です。

これらの情報は各校のホームページで確認しましょう。

**■模擬試験**

夏休み以降の各月に行われる模擬試験ですが、受験生なら受けておかなければ志望校の選択ができません。そこで示される偏差値から、志望校の合格可能性が導き出されるからです。

とくに学力試験のみの一般入試を行う難関校に志望を絞ろうとする受験生は、模擬試験でもたらされる偏差値が学力のバロメータとなります。そこで注意すべきことは、毎回同じ模擬試験機関が行う試験を受けるようにすることです。

そうしないと、偏差値の伸びなどのデータに信頼をおくことができなくなります。

ただし、東京、神奈川、千葉の私立高校受験の場合、とくに中位校では入試の合否は中3の12月に決まります。後述しますが、その合否は学校の成績（内申）で決まるのです。ですから、模擬試験での成績が悪かったからといって心配する必要はありません。模擬試験の成績そのものは合否には関係しない独立した数値です。

ただ、注意しておくべきなのは埼玉の受験生です。埼玉の受験生は10～12月に私立各校で行われる「個別相談」に出かけていく必要があります。

その個別相談で、内申のほかに模擬試験の結果（偏差値）も添えて、受験生自身（または保護者）が、志望する私立高校の先生と、合否の見込みについて相談するのです。

**■三者面談**

ほとんどの中学校では、担任の先生との個人面談が1学期、2学期に各1回行われます。自分が志望する学校のことを話し、先生の意見も聞いておきましょう。

そして2学期のなかば（11月）になると、担任の先生、受験生本人、そして保護者が話しあう三者面談が行われます。

このとき担任の先生はすでに2学期末に出る予想成績を持っていますので、それを元にした面談となります。つまり、その内申点が志望する私立高校が求めるレベルに達しているかどうかを、担任の先生は、ほぼ予測できるわけです。

受験生側は「私立と公立、どちらが第1志望か」「男子校・女子校が希望か、共学校が希望か」ぐらいは、基本的事項として決めておかなければなりません。そして、3校ぐらいの志望校をあげておきましょう。

とくに「自分が行きたい学校」つまり第1志望校は、明確に伝えてください。

私立高校志望の場合は、この面談によって推薦で受ける学校が決定されることにもなります。

三者面談では、高校について推薦入試も一般入試も、内申点によっては、志望校を受験させてもらえない場合があります。

中学校側は、高校入試で不合格者を出さないように、内申点から判断し、安全圏の高校を受験させるのがつねだからです。

公立高校が第1志望の場合でも、担任の先生は、私立高校は「滑り止め」という認識ですから、その傾向は強くなります。

**■私立高校の推薦入試**

東京・神奈川の私立高校入試には、「推薦入試」と「一般入試」があります。

千葉では「前期選抜」「後期選抜」ともに推薦入試を行うことができますが、推薦入試は「前期」で行っている学校がほとんどです。

推薦入試は、「その学校しか受けません。受かったらその学校に行きます」と約束する「単願（専願）推薦」と「公立高校が受かったらその公立に行きますが、公立不合格の場合はその学校に必ず行きます」と約束する「併願推薦」があります。

推薦入試とは、調査書の評価を重視し、そのほかに面接、小論文、推薦書などで合否を決める入試のことです。単願（専願）、併願ともに推薦の基準として、出願に必要とされる中学校での成績が定められています。まずは、この基準をクリアしているかを確認する必要があります。埼玉では前期・後期の区別がなく、推薦制度には「単願（第1志望）入試」と「併願入試（公私立併願可能）」があるのですが、どちらも学力試験が行われますので「推薦」とはいえなくなっています。

## 埼玉県では受験生が私立高校と直接相談する

**■私立高校の入試相談**

中学校の先生が私立高校に出かけて、1人ひとりの生徒の（推薦入試での）合格可能性を相談するのが「入試相談」です。前項で少し触れていますが、埼玉県では「個別相談」と言い、別の方法がとられています。

三者面談で、受験校の最終確認が行われ、東京、神奈川、千葉では12月なかばから、中学校の先生が志望する各私立高校に出向いての「入試相談」が行われます。中学校の先生は、その私立高校を希望する生徒全員の成績一覧表を持っていて、1人ひとりの合格の可能性を相談します。

ここで「出願していい」と言われれば、推薦入試での合格可能性はかなり高いと言っていいでしょう。

埼玉の私立高校が1月に実施する併願推薦入試は、他校（公立、私立とも）と併願することが可能で、前述の通り、入試前の10～12月、私立高校各校で行われる「個別相談」で、その合否の見通しが私立高校側から受験生に直接伝えられます。

この「個別相談」が、他都県の推薦入試のための「入試相談」にあたるものなのですが、埼玉では中学校の先生ではなくて、受験生本人、またはその保護者、またその両方が私立高校に出かけて相談するところがほかの都県と違います。

2019年度
私立中学入試

# 春一番！合同相談会

## 4月29日(日祝) 10：00～14：30

**パレスホテル立川3階 こぶし【入退場自由】**

4・5年生も大歓迎

各校自慢のグッズがもらえる

予約不要

参加費無料

**多摩地区で一番早い**

志望校が決まっていない…
そんな時こそ役立つ相談会！
色々と比べて、自分の
好きな学校を見つけよう！

詳細はホームページで

**参加校**

共学校　女子校　男子校

| | | | | |
|---|---|---|---|---|
| 穎明館 | 大妻多摩 | 桜美林 | 共立女子第二 | 啓明学園 |
| 工学院大学附属 | 駒沢学園女子 | 実践学園 | 聖徳学園 | 白梅学園清修 |
| 帝京八王子 | 東海大学菅生 | 東京純心女子 | 東京電機大 | 日本大学第三 |
| 八王子学園八王子 | 富士見 | 藤村女子 | 文化学園大学杉並 | 宝仙学園理数インター |
| 武蔵野女子学院 | 明治学院 | 明星 | 明法 | 八雲学園 |

お問い合わせ先　武蔵野女子学院：☎042-468-3377 / 藤村女子：☎0422-22-1266

公立
CLOSE UP

# 2018年度高校入試の志望動向は？

安田教育研究所　代表　安田 理

**首都圏の公立高校入試は全国でも最も早く行われます。今年の公立中学3年生はどんな志望動向だったのでしょうか。「進路希望調査」結果が公表されている3都県について探ってみます。**

## 今年は私立高校希望者が大きく増加

高校受験においては多くの県で、公立中学3年生を対象に進路希望調査（名称は都道府県でマチマチ）というものを実施しています。結果を分析して、県として定員配分をどうするか（どこの学校で定員を増やし、どこの学校で減らすかなど）検討するのですが、その一方でこの調査結果を公表することで、受験生に実際の出願にあたって参考にしてもらうという意図もあります。

ここでは、神奈川、埼玉、東京の3つの都県について、こうした調査結果をもとに全体像を浮き彫りにしてみましょう。

## 神奈川の進路希望調査（2017年10月）

県から発表された昨秋の公立中3生の進路希望調査の結果**【表1】**によると、2018年（平成30年）の卒業予定者数は前年より853名少ない6万9112名、高校等進学希望者数は、やはり657名少ない6万6798名で、高校等進学希望率は96・7%と、前年よりもあがっています。

おもだった項目の進路希望者数と、それぞれの比率を前年と比較すると、中3生の人数は減っていて、進学希望先では最大の全日制公立の人数も減っていますが、県内私立と県外私立、そして通信制の希望者が増えています。

率でみると全日制公立が0・4%減っていて、県内私立は0・5%増、県外（多くは東京）私立は0・2%増となっています。

県内私立が増えているのは、国の就学支援金にプラスして、県の上乗せぶんの拡充などで私立に進学しやすくなったためと思われます。

## 埼玉の進路希望調査（2017年12月）

1月12日県から、昨年12月に実施した第2回の進路希望調査結果**【表2】**が発表されました。公立中高一貫である**伊奈学園**と**市立浦和**の内部進学希望者を除いた公立中学校では、卒業予定者数は6万1206名と、前年よりも900名近い減少となっています。全日制の進学希望者は1198名減、率でも0・6%ダウンしています。

内訳では前年に続いて公立希望が減少、そのぶん県内私立希望が増えています。前述したように全日制高校合計の進学希望率は0・6%ダウン、全日制公立の進学希望率は2・1%ダウン、全日制私立は0・9%あがりました。県外全日制も0・6%あがっています（多くは東京）。
　定時制の希望率はあがっているものの、0・1%と小幅なので、その差のぶんは通信制への進学希望者の増加です。

【表1】神奈川県公立高校の進路希望調査

| 項目 | | 卒業予定者数 | 高校進学希望者数 | 全日制 | | | | 県内公立定時制 | 通信制 |
|---|---|---|---|---|---|---|---|---|---|
| | | | | 県内 | | 県外 | | | |
| | | | | 公立 | 私立 | 国・公立 | 私立 | | |
| 人数 | 今回 | 69,112 | 66,798 | 55,525 | 4,874 | 409 | 2,474 | 897 | 1,314 |
| | 昨年 | 69,965 | 67,455 | 56,487 | 4,608 | 415 | 2,382 | 1,008 | 1,264 |
| | 前年対比 | −853 | −657 | −962 | 266 | −6 | 92 | −111 | 50 |
| 卒業予定者数対比 | 今回 | 100.0% | 96.7% | 80.3% | 7.1% | 0.6% | 3.6% | 1.3% | 1.9% |
| | 昨年 | 100.0% | 96.4% | 80.7% | 6.6% | 0.6% | 3.4% | 1.4% | 1.8% |
| | 前年対比 | 0.0% | 0.3% | −0.4% | 0.5% | 0.0% | 0.2% | −0.1% | 0.1% |

【表2】埼玉県公立高校の進路希望調査

| 項目 | 卒業予定者 | 高校進学希望者 | 全日制進学希望計 | 県内全日制高校 | | | 県外全日制 | 県内公立定時制希望 |
|---|---|---|---|---|---|---|---|---|
| | | | | 国立 | 公立 | 私立 | | |
| 今回調査 | 61,206 | 60,360 | 57,171 | 204 | 45,328 | 7,486 | 4,153 | 897 |
| 前年同期 | 62,092 | 61,242 | 58,369 | 175 | 47,286 | 7,046 | 3,862 | 894 |
| 今回調査 | − | 98.6% | 93.4% | 0.3% | 74.1% | 12.2% | 6.8% | 1.5% |
| 前年同期 | − | 98.6% | 94.0% | 0.3% | 76.2% | 11.3% | 6.2% | 1.4% |

## 東京の進路希望調査（2017年12月）

　東京は表を省略して、分析のみを記します。
・全日制志望者（都立、私立、国立、他県公私立、高専を含む）の割合は91・7%で、昨年の92・4%より0・7ポイント低下。
・全日制都立志望者数は5万2497人で、昨年より3045人減少。割合は68・2%で、昨年の71・1%から大きく低下。
・都立高校全体の平均志望倍率は、1・28倍で、この10年間で最も低い値に。
・私立等志望者数（国立、他県公立を含む男女計）は1万7749人で、昨年より1535人（男子768人、女子767人）増加。割合は、昨年→今年で男子が22・7%→25・0%、女子は18・7%→21・0%と、12年以降で最高値に。
・増えているのは、都立以外の通信制への志望者で、今年の志望者数は1498人（男子806人、女子692人）と、5年前の279人の5倍以上に増加。

## 3都県に共通してみられることは？

　次に3都県に共通してみられることを整理してみましょう。
○公立志望が減って私立志望が増加
○県外私立志望も増加
○通信制の志望者が増加
　私立志望のめだった増加は、従来からの国の就学支援金にプラスして自治体ごとの上乗せぶんの拡充、私立高校の授業料無償化への取り組みなど最近の教育政策が大きく影響したと思われます。高校受験はこうした財布事情で動くことがよくあります。
　この機会に、ご自分の県にどのような支援策があるか調べてみてはいかがでしょう（意外と保護者はこうした情報を知らないでいます）。
　通信制の志望者の増加は、いまの生徒が自由なスタイルを好むということと、中学校での不登校生徒の増加が背景にあります。東京だけでも不登校生徒の数は2013年度（平成25年度）からの4年間で約2000人、3割も増えています。
　先日、私立中高一貫校の先生にうかがったのですが、その学校でも、人間関係や不登校、学業不振から高校進学段階で通信制高校に移る生徒が毎年数人いるということでした。また、大学受験に特化した通信制高校（9時から17時まで大学受験科目を学習）もあるため、難関中高一貫校から高校進学段階でこうした通信制高校に出るケースも耳にするようになりました。
　また、スポーツや習いごとを優先するために通信制を選ぶケースも増えています。社会の「効率的に」という風潮が学校選択にも反映しているように感じます。
　ここからは私の意見ですが、学校は大学進学のための通過点ではありません。部活動の厳しい練習、なかなか意見がまとまらない委員会活動、夜遅くまで頑張った文化祭の準備、グループで1つのことを成し遂げた経験……。そうしたことの1つひとつが自然と人間関係の持ち方、社会生活を送るうえでのスキルを身につけさせるのです。
　ゲーテの言葉に、「人が旅をするのは到達するためではなく旅をするためである」というものがあります。高校は大学に進学するためだけにあるのではなく、「高校時代そのものに意義がある」ととらえていただきたいと思います。

高校入試の基礎知識

# 国立、公立、私立高校の違いを知っておこう

前号では志望校を選ぶためのポイントを学びました。そのなかであげたのが「私立高校か、公立高校か」という選択肢でした。今回はその選択肢に加え「国立高校」についても触れながら、その違いやそれぞれの長所をお話しします。さあ、自分に合った高校を選ぶための第1歩です。

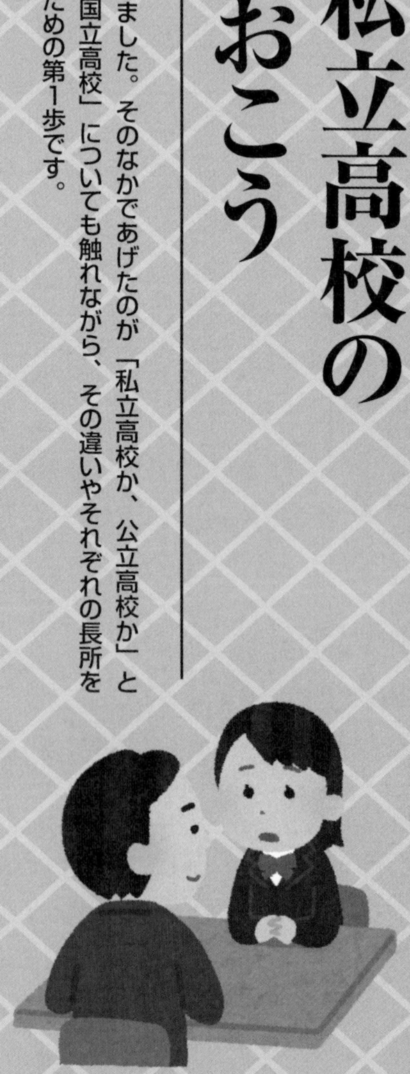

## 高校には設立母体によって3つのタイプがある

中学生のみなさんは高校入試を考える前に、どんな高校に進み、どんな生活を送りたいのかを考える必要があります。

もちろん、みなさんの頭のなかには「楽しい高校生活を送りたい」というのが一番にあるでしょう。

では、その高校生活はどこで送るのでしょうか。高校では、行事や部活動で、学校にいる時間は中学校時代よりも長くなりますし、友だちとの交流も、もっともっと深いものになります。

夏休み、冬休みも家庭にいるのではなく、学校に出かけていくのが高校生です。

勉強や部活動で求められる技量が難しくなったりするぶん、担任の先生や部活動顧問との心のやりとりも中学校とは違った「大人のつきあい」に近いものになっていきます。

そのような一連のことが、「青春」を彩るものであり、自らを成長させ、大人への一歩を踏み出していく…、それが高校生です。そして、その舞台が「高校」です。

つまり、高校生活をエンジョイするために、そのステージである学校を、いかに自分に合ったところを選び取っていくかが、大切なポイントなのです。

高校受験の第1歩が「学校選び」であることがおわかりでしょう。繰り返しになりますが、自分に合った学校をどのように選び取っていくかが、高校受験の根幹といえるのです。

では、そのために、まず、高等学校にはどのような学校があるのか、を知るところから始めましょう。

高等学校は、その設立母体によって「私立」「公立」「国立」と大きく3つに分けることができます。

今回はその違いを見ていくことにします。

## 私立高校

### それぞれに個性と魅力 理解したい「教育理念」

首都圏の4都県（東京・神奈川・千葉・埼玉）には約350校もの私立高校が存在します。

私立高校は各種団体や個人が設立し、学校法人が運営にあたっている学校です。

私立高校は、学校それぞれの裁量

で教育に独自性が認められているため、建学の精神によって、なにを重視してどんな教育をするのかという、いわゆる教育方針が各学校によって異なります。校風もさまざまで、個性豊かな学校が多いのが特徴です。受験生の側にとっては選択肢が多いということになります。

また、その教育理念によって男子校、女子校、共学校に分かれますが、近年、男子校、女子校から共学校へと衣替えした学校が多くあります。

私立高校にもいくつかタイプがあり、「進学校」として大学受験を意識したカリキュラムを優先的に組む高校、系列の大学や短大に優先的に進学できる大学附属校、就職に有利な専門課程を持つ高校などがあります。また大学附属でありながら系列の大学には進まず、他の難関大学受験をめざしていく学校もあります。このタイプの大学附属校は「進学校」と同様の授業内容であることもあって「半進学校」などと呼ばれます。

このほか、部活動で秀でた実績を持つ高校、心の教育に力を入れている高校など、進学実績だけでなくさまざまな角度から学校選びができるのも私立高校の魅力です。

私立高校では公立高校と比べると普通科の割合が多くなります。最近は普通科のなかをさらに細分化して特進コース・進学コース・文理コースなどを開設し、3年後に目標とする大学に合わせたカリキュラムを組むなど、進学指導を重視して受験生にアピールする高校が増えています。

このように、私立高校はその数だけ校風・特色があるといえます。

首都圏には全国でも最も多く私立高校が存在しており、たくさんの魅力ある学校から自分に合う高校を選び取ることができる恵まれた環境だともいえます。

ただ、その高校の特色を理解しないで入学してしまうと、ミスマッチとなり、後悔ばかりの3年間となってしまいます。高校を選ぶとき、学校説明会などで学校の様子をよく観察し、自分の感性で研究することが大切です。

私立高校は、総じて施設・設備面でかなり充実し、特別教室や自習室、食堂、体育施設などのほかに校外や海外に研修施設を持つ学校も多くあります。

首都圏の私立高校の入学試験は、都県によって呼び方が違いますが、推薦（前期）入試と、一般（後期）入試に分けられます。

通常、一般（後期）入試では学力試験が重視されます。学校によっては面接、作文などが行われます。公立高校と違って調査書はあまり重視されず、参考程度にとどめられています。

推薦だから「試験はなし」という学校が多いのですが、推薦（前期）入試でも、適性検査という名称などで筆記試験を課されることも多くなってきました。

これらの学力試験や適性検査の科目数は、国語・数学・英語の3科目という学校がほとんどです。

私立高校の入試は、都県ごと、また、学校ごとに試験日程、入試システムがまったくといっていいほど違いますので注意が必要です。

埼玉では前期・後期の垣根がなくなり、ほぼ一本化された入試となっています。千葉の私立高校では、かつての「前期」への募集前倒し傾向が強くなっています。

東京、神奈川では「推薦」の募集を減らし「一般」募集に定員をまわす傾向も出てきました。

学費の面では、私立高校は3年間にかかる費用が、国立・公立に比べて高くなりますが、学校によって差が大きいのも事実です。また、修学旅行で海外に行く高校も多く、その費用もかかります。

この点については、58ページからの『私立インサイド』でも述べている通り、近年、国立・公立との学費格差は急激に縮まっており、解消されつつあります。

## 公立高校

### 感じられる伝統と自由 学費ゼロは大きな魅力

公立高校は、都道府県や市町村といった地方自治体によって設立され、その運営も自治体が行っている学校です。ですから、公立高校は、原則的にその都県在住者のみしか受検できません。また、千葉では学区制があり（東京・埼玉・神奈川はすでに廃止）、地域によって受検できる学校が限られます（市立高校は一部制限がある）。

首都圏では、東京、神奈川の普通科は共学、千葉、埼玉では男子校、女子校が見られます。

全日制、定時制、通信制などがありますが、全日制のなかにも、普通科のほかに専門学科（理数科・外国語科・商業科・工業科・農業科など）

があります。これらの特徴を合わせ持つ総合高校という形態の学校もあります。総合高校では、普通科目と専門科目のさまざまな科目のなかから、自分の興味・関心・進路希望に合わせて幅広く学習ができます。

普通科では2年・3年次に、希望進路に合わせて文系・理系にコース分けする学校が多く、進路希望に沿った学習ができるよう、多くの選択科目を設定し、私立高校なみに大学進学にポイントを絞る学校も多くなりました。

都立高校の「進学指導重点校」に代表されるような、難関大学進学にウエイトをおいた学校が増えてきているのも、このところの特徴です。

また、授業やカリキュラムの進め方も多様化しており、普通科のなかでも「単位制」の学校は、クラス編成、学年編成にこだわらず、単位取得について、生徒が自分で時間割を作る学校です。

公立高校も私立高校ほどではないにしても、各学校に校風があります。部活動が盛んな高校、ほとんどの生徒が大学進学をめざしている高校など、その高校のカラーがありますので、よく観察しましょう。とくに最近は、都や県の教育委員会が、各校に独自色を打ち出すよう指導もしています。

校則が比較的ゆるやかで、制服がない学校もあり、自由な学園生活を魅力に感じる生徒がめざす学校ともいえます。

しかし、そのぶん、しっかりと自分を律することができないと、怠惰（たいだ）な高校生活を送る危険性もあるともいえます。例えば、前述した単位制の学校などは、すべて自分で時間割を組むわけですから、自律ができない生徒には、むしろ向きません。

私立高校に比べると学費はほとんどかからず、授業料は無償です。その他の費用として制服や体操着代、修学旅行の積み立てなどがかかりますが、施設費などもかかりません。

## 国立高校

### 狭き門くぐり切磋琢磨　高レベルだが伸びのび

国立高校は高校単体で設立されているのではなく、独立行政法人国立大学（いわゆる国立大学）の附属高校として作られています。ですからその名称は、「国立〇〇大学附属高校」となります。

建学の趣旨は、「教育学に関する研究・実験に協力」する「教育実験校」です。研究の意味から、小学校、中学校も併設している学校が多くあります。

併設の中学校から進学する生徒が多く、高校からの募集人員は少数ですので入試の難易度も高く、入学後の学力レベルも高いのが特徴です。

あくまで「教育実験校」ですから、授業形態やカリキュラムを、先生、生徒の人間関係を含めて研究する学校です。得られたものを日本の教育に役立てようとしているわけです。ですから、大学受験向きに授業が組まれているわけではありません。それが、受験勉強とはかけ離れた伸びのびした校風につながっているともいえます。

国立高校から系列の国立大学への進学については、他の高校より有利になるということはありません。

系列の国立大学に進学しようとする場合でも、他の高校からの受験生と同一の条件で、大学入試センター試験（2020年からは「大学入学共通テスト」）から臨むことになります。

各国立高校は、授業の内容も質が高く、入学後の学力レベルも高く維持されているため、難関といわれる大学への進学実績も非常に高いものがあります。生徒自身が互いに高めあう校風があるのが国立高校全体の特徴で、これが、高い進学実績維持の原動力といえます。

国立高校の入試には「推薦入試」はありません。一般入試は学力検査と面接で、学力検査の出題はその学校の独自問題です。

2018年2月の時点での学費は、公立とほぼ同じで、ほとんどかかりません。

受験する場合、国立高校には通学地域、通学時間に制限がある学校が多いので要注意です。

◇

私立、公立、国立高校の違いを簡単に述べてきましたが、いずれの学校であっても、校風や学校文化を知るためには、学校案内などの資料を調べることを第1歩に、実際に学校に出かけて雰囲気を感じ取ることが大切です。学校説明会、公開されている文化祭や体育祭、合唱祭、1日体験入学などの機会を逃さず、積極的に利用するのがよい方法です。

この点については、58ページからの『私立インサイド』も参考にしてください。

# ご提案型の教育旅行会社って？

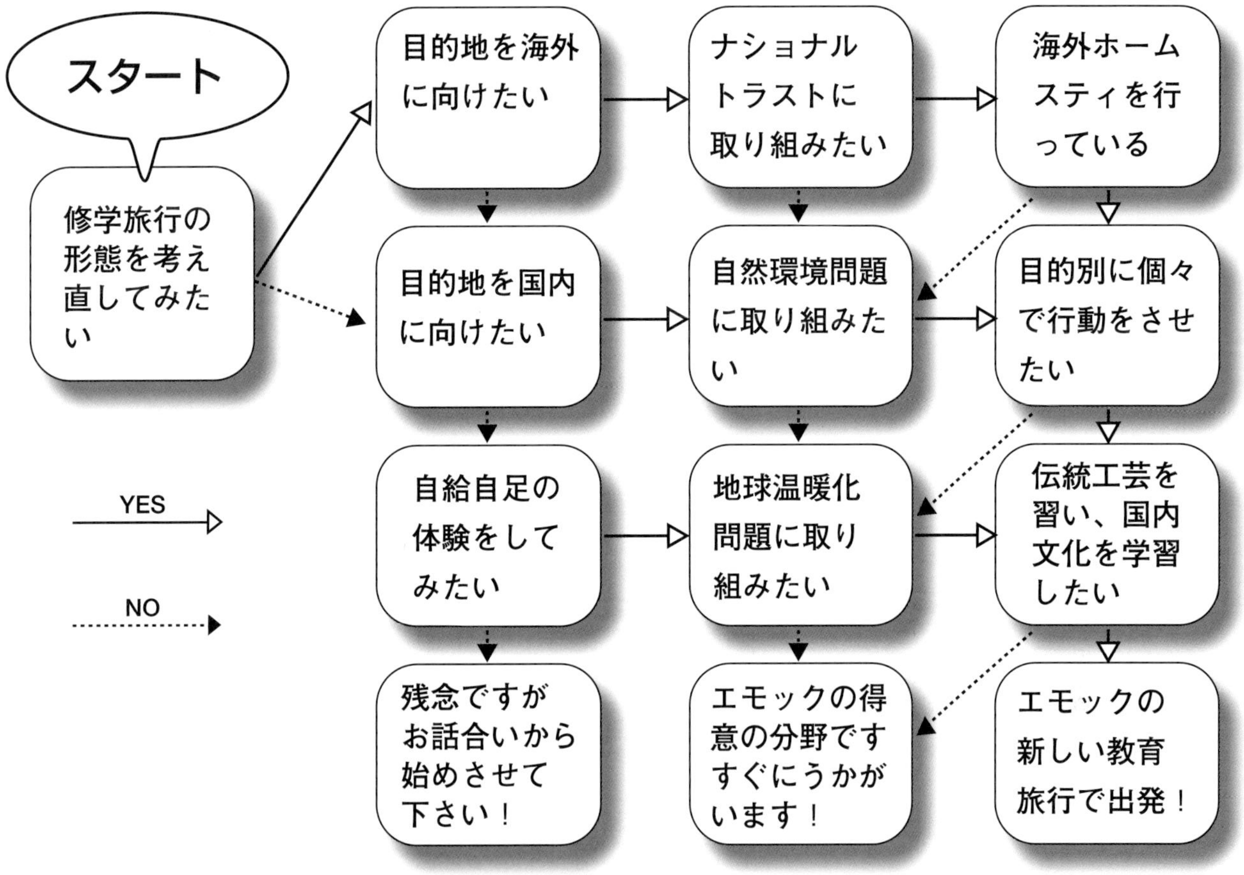
スタート
修学旅行の形態を考え直してみたい
目的地を海外に向けたい
ナショナルトラストに取り組みたい
海外ホームスティを行っている
目的地を国内に向けたい
自然環境問題に取り組みたい
目的別に個々で行動をさせたい
自給自足の体験をしてみたい
地球温暖化問題に取り組みたい
伝統工芸を習い、国内文化を学習したい
残念ですがお話合いから始めさせて下さい！
エモックの得意の分野ですすぐにうかがいます！
エモックの新しい教育旅行で出発！
YES
NO

　従来の名所旧跡を訪ねる修学旅行から、最近ではさまざまなテーマを生徒個々または小グループごとにコンセプトメークしひとつの社会貢献の一環として、位置づける学習旅行へと形態移行しつつあります。

　小社では国内及び海外の各種特殊業界視察旅行を長年の経験と実績で培い、これらのノウハウを学校教育の現場で取り入れていただき、保護者、先生、生徒と一体化した旅行づくりを行っております。

一例

- 海、山、川の動物、小動物の生態系研究
- 春の田植えと秋の収穫体験、自給自足のキャンプ
- 生ごみ処理、生活廃水、産業廃棄物、地球温暖化などの環境問題研究
- ナショナルトラスト（環境保全施設、自然環境、道の駅、ウォーキング）
- 語学研修（ホームスティ、ドミトリー、チューター付研修）など

[取扱旅行代理店]　**（株）エモック・エンタープライズ**

担当：山本／半田

国土交通大臣登録旅行業第1144号
日本旅行業協会正会員（JATA）
東京都港区西新橋1-19-3　第２双葉ビル２階
☎ 03-3507-9777（代）
E-mail:amok-enterprise@amok.co.jp
URL:http://www.amok.co.jp/

# 2月号の答えと解説

## 問題 ▶ 論理パズル

クラスで、国語、数学、英語の３教科について好きか、嫌いかを調べたところ、次の①～③のことがわかりました。

① 英語が好きな人は、数学が嫌いである。
② 国語が好きな人のなかには、
数学も好きな人がいる。
③ 英語が好きな人は、国語も好きである。

このとき、このクラスについて、確実に正しいといえるのはア～オのどれですか。

**ア** 国語が好きな人は、英語も好きである。
**イ** 国語が嫌いな人は、数学も嫌いである。
**ウ** 国語が嫌いな人のなかには、
英語が好きな人がいる。
**エ** 数学が好きな人は、英語が嫌いである。
**オ** 数学が嫌いな人は、英語が好きである。

## 解答 ▶ エ

**解 説**

①の条件より、英語が好きな人のグループのなかに、数学が好きな人はいないということですから、英語が好きな人のグループと数学が好きな人のグループの関係を図で表すと、**図１**のようになります。

同様に、②の条件より、国語が好きな人のグループと数学が好きな人のグループの関係を図で表すと、**図2**のようになります。

さらに、③の条件より、英語が好きな人のグループは、国語が好きな人のグループのなかに含まれることになるので、２つのグループの関係を図で表すと、**図3**のようになります。

以上の関係をまとめると、**図4**のようになるので、正解は**エ**ということがわかります。

**図１**

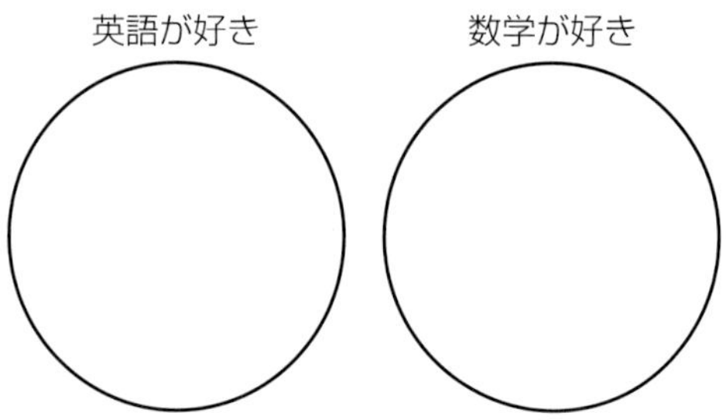


**図2**

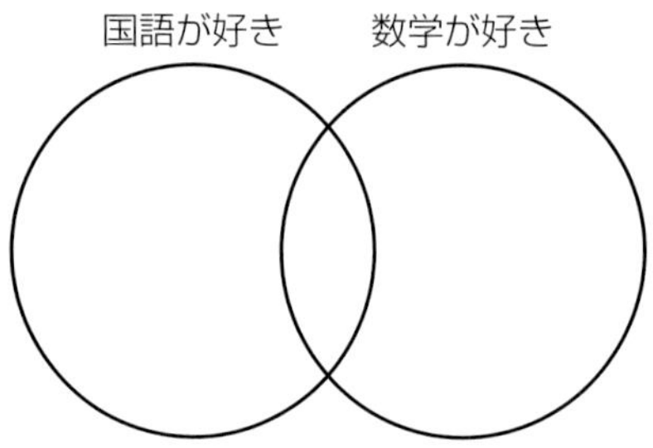


**図3**

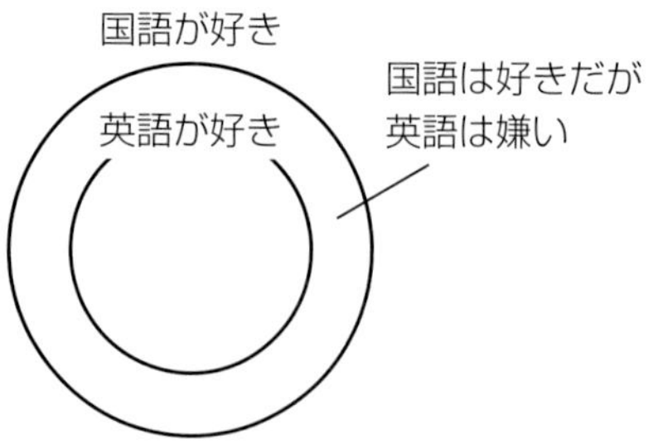


**図4**

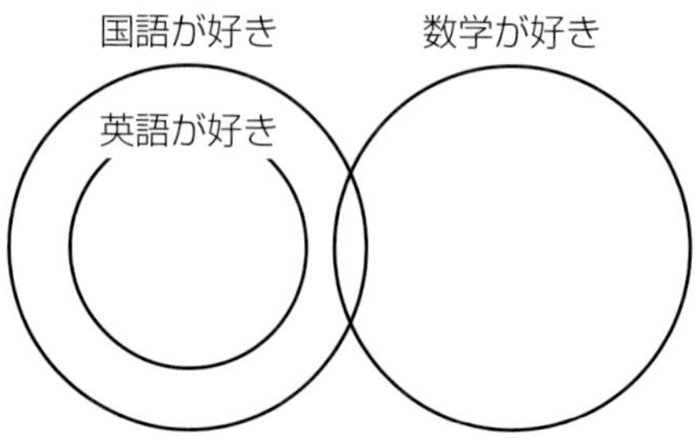

中学生のための

# 学習パズル

## 今月号の問題

### マスターワード

？に入る文字（アルファベット）を推理するパズルです。☆は？に入る文字が使われていますが、入る位置が違うことを表しています。★は入る位置も正しく使われています。☆（または★）１個は１文字です。また、単語は、BOOKやEVERYのように、同じ文字が含まれていることはありません。

【例】

次の ？？？ にあてはまる３文字の英単語を答えなさい。

？？？

| | | |
|---|---|---|
| ① | CAT | ☆☆ |
| ② | EAT | ☆☆ |
| ③ | SEA | ☆☆ |
| ④ | USE | ★ |

【解き方】

③と④を比べると、Aが使われていて、Uは使われていないことがわかり、さらに②、③から、Aは１文字目です。

次に、④でSが使われているとすると、Eは使われていないことになり、②からTが使われていることになります。ところが、④からSは２文字目の位置になりますから、Tの位置が①、②と矛盾します。

よって、④ではEは使われていることになり、②からTが使われていないことになります。こうして推理を進めていくと ？？？ は“ACE”ということがわかります。

それでは、この要領で次の問題を考えてみてください。

【問題】

次の ？？？？？ にあてはまる５文字の英単語はなんでしょうか？

？？？？？

| | | |
|---|---|---|
| ① | TOPIC | ★★ |
| ② | MOUSE | ★☆☆ |
| ③ | QUICK | ★☆☆ |
| ④ | FIRST | ☆☆ |
| ⑤ | SPACE | ☆☆ |

ヒント：②、③を比べると、５文字の単語であることから、使われているアルファベットの種類や位置が絞られてきます。

#### 応募方法

左のQRコードからご応募ください。
◎正解者のなかから抽選で３名の方に図書カード（1000円相当）をプレゼントいたします。
◎当選者の発表は本誌2018年６月号誌上の予定です。
**◎応募締切日 2018年4月15日**

#### 2月号学習パズル当選者

全正解者14名

石倉　史菜さん（中３・東京都小平市）
蛭田　萌乃さん（中２・埼玉県朝霞市）
指村　智彦さん（中２・東京都武蔵野市）

## 東京成徳大学高等学校

（とうきょうせいとくだいがく）

### 問題

右の図のように半径2の円Oと対角線の長さが4の正方形ABCDが重なっている。3点O，A，Cが一直線上に並び，円Oと正方形ABCDの交点が，それぞれ辺AB，ADの中点となっている。次の空欄に適する答えをそれぞれ（ア）～（カ）の中から1つずつ選びなさい。ただし，円周率は$\pi$とする。

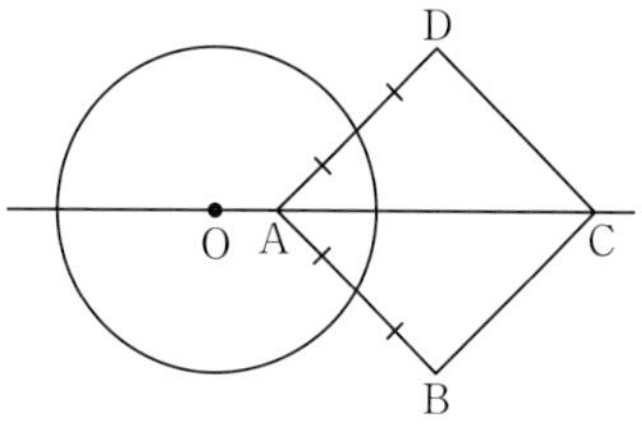


［問1］正方形の一辺の長さは［　　］である。

（ア）$\sqrt{2}$　（イ）2　（ウ）$2\sqrt{2}$　（エ）$2\sqrt{3}$　（オ）4　（カ）その他

［問2］線分OAの長さは［　　］である。

（ア）$2-\sqrt{2}$　（イ）$\sqrt{3}-1$　（ウ）1　（エ）$\dfrac{\sqrt{14}-\sqrt{2}}{2}$　（オ）$\dfrac{\sqrt{15}-1}{2}$　（カ）その他

［問3］円Oと正方形ABCDが重なっている部分の面積は［　　］である。

（ア）$2-2\sqrt{3}+\dfrac{2}{3}\pi$　（イ）$\dfrac{1}{2}-\dfrac{\sqrt{3}}{2}+\dfrac{\pi}{3}$　（ウ）1　（エ）$1-\sqrt{3}+\dfrac{2}{3}\pi$　（オ）$\dfrac{\pi}{2}$　（カ）その他

解答　［問1］（ウ）　［問2］（イ）　［問3］（エ）

- 東京都北区王子6-7-14
- 地下鉄南北線「王子神谷駅」徒歩7分、JR京浜東北線「王子駅」・東武伊勢崎線「西新井駅」・東武東上線「ときわ台駅」・都営三田線「板橋本町駅」バス
- 03-3911-5196
- http://www.tokyoseitoku.jp/hs/

**学校説明会**

7月14日(土)　8月25日(土)
9月 8日(土)　9月16日(日)

**部活動体験会**

8月 4日(土)　8月 5日(日)

**文化祭**

9月22日(土)　9月23日(日祝)

## 日本大学藤沢高等学校

（にほんだいがくふじさわ）

### 問題

次の図の直角三角形ABCにおいて，△ABHの周の長さは4，△ACHの周の長さは6である。このとき，次の［ア］～［セ］にあてはまる数を答えなさい。

(1) AB：AC＝［ア］：［イ］となるので

△ABCの周の長さは［ウ］$\sqrt{［エオ］}$である。

(2) AH＝［カ］－$\sqrt{［キク］}$である。

(3) AC＝$\dfrac{［ケ］\sqrt{［コサ］}-［シス］}{［セ］}$である。

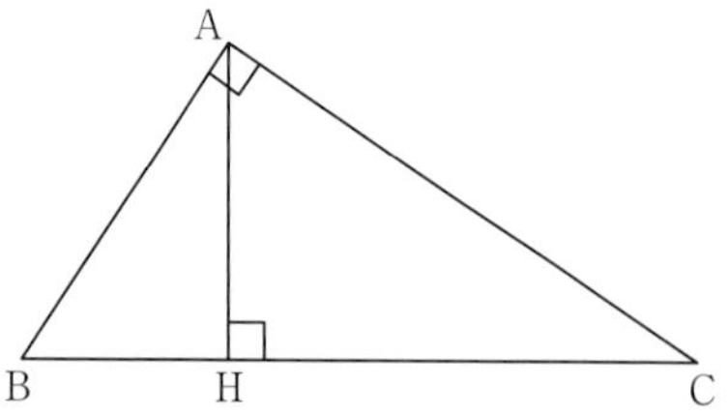


解答　(1) ア2、イ3、ウ2、エ1、オ3　(2) カ5、キ1、ク3
(3) ケ5、コ1、サ3、シ1、ス3、セ2

- 神奈川県藤沢市亀井野1866
- 小田急江ノ島線「六会日大前駅」徒歩8分
- 0466-81-0123
- https://www.fujisawa.hs.nihon-u.ac.jp/

# 私立高校の入試問題

## 開智未来高等学校（かいちみらい）

- 埼玉県加須市麦倉1238
- 東武日光線「柳生駅」徒歩20分、JR宇都宮線・東武日光線「栗橋駅」、JR宇都宮線「古河駅」、東武伊勢崎線「加須駅」「羽生駅」「館林駅」、JR高崎線「鴻巣駅」スクールバス
- 0280-61-2033
- http://www.kaichimirai.ed.jp/

**問題**

下の図の△ABCにおいて，∠BACの２等分線と線分BCとの交点をP，∠CATの２等分線と直線BCとの交点をQとする。また，点Cを通り，直線AQと平行な直線と線分ABの交点をRとする。

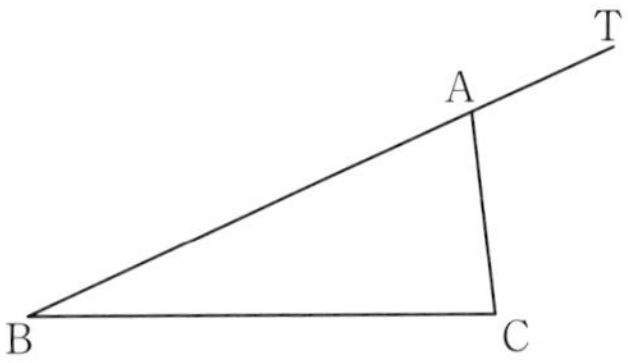


(1) 図に，点P，点Q，点R，線分AP，線分AQ，線分CQ，線分CRをすべて書き入れなさい。

(2) ∠PAQの大きさを求めなさい。

(3) △ACRが二等辺三角形になることを証明しなさい。

また，AP＝１，∠APC＝60°，BC＝２のとき，次の各問いに答えなさい。

(4) 線分BPの長さを求めなさい。

(5) $AC^2$を計算しなさい。

**解答**

(1)

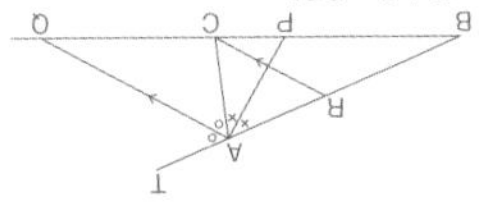


(2) ∠PAQ＝90°

(3) 仮定より∠CAQ＝∠QAT…①
AQ//RCより錯角が等しいので∠CAQ＝∠RCA…②
AQ//RCより同位角が等しいので
∠QAT＝∠ARC…③
①②③より∠RCA＝∠ARC
よって，２つの角が等しいので
△ACRは二等辺三角形である

(4) BP＝$\sqrt{2}$

(5) $AC^2 = 5 - 3\sqrt{2}$

## 芝浦工業大学附属高等学校（しばうらこうぎょうだいがくふぞく）

- 東京都江東区豊洲6-2-7
- ゆりかもめ「新豊洲駅」徒歩１分、地下鉄有楽町線「豊洲駅」徒歩７分
- 03-3520-8501
- http://www.ijh.shibaura-it.ac.jp/

**問題**

下の図において，立方体ABCD－EFGHの辺EF，FGの中点をそれぞれP，Qとする。立方体を３点D，P，Qを通る平面で切断したとき，切断面と辺AE，CGが交わる点をそれぞれR，Sとする。

このとき，次の各問いに答えなさい。

(1) 線分ARの長さを求めなさい。

(2) 切断面DRPQSの周の長さを求めなさい。

(3) 切断してできた２つの立体のうち，点Bを含む立体の体積を求めなさい。

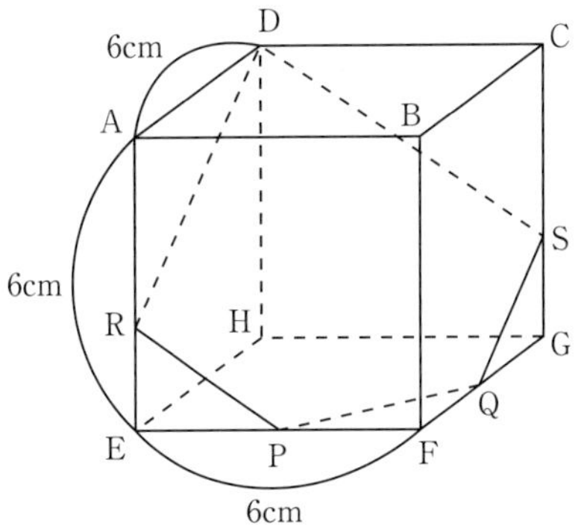


**解答** (1) 4cm　(2) $6\sqrt{13}+3\sqrt{2}$cm　(3) $141cm^3$

Letter Section

みんなの お便りコーナー

# サクセス広場

テーマ

## ちょっと変わった趣味

**カードマジック**です。毎日、数時間マジックに費やしてしまっています。もっと勉強しないと……。
（中１・奇術師さん）

**かまぼこの板**を集めています。いつかこの板を使って、すごい模型を作りたいと思っているのですが…。なにを作るかが決まらなくて。
（中１・夢はアーティストさん）

**地元の銭湯**や遠出して**歴史ある銭湯**に行くのが好きです。大きいお風呂は気持ちがいいし、風呂あがりのコーヒー牛乳もめちゃうまです。
（中２・フロウさん）

**高層ビル**が好きなんです。あのそびえ立つ高さ、いいですよね。自分では全然アリだと思うけど、周りからは変わっていると言われるので…。
（中２・低所恐怖症さん）

友だちや先生の**似顔絵**を描くのが好きです。今度友だちの誕生日にプレゼントしようと思っています。
（中２・えかっきーさん）

つまようじを使って作る**つまようじアート**。地味に見えますが結構すごいんですよ。
（中１・YOUZIさん）

友人に**お寺巡り**が趣味の人がいます。なにかのきっかけで話し出すと止まらない止まらない。いつも、ほぼだれも話についてきていないのに（笑）。
（中３・O.K.さん）

テーマ

## 最近見た楽しい夢

ホテルの**豪華バイキング**を独り占めして好きなだけ食べる夢。
（中３・枕がよだれまみれさん）

ブランコがいくつもある公園で延々**ブランコに乗ってた**…というだけの夢だけどすごい楽しかった。
（中２・次の日公園で本当にブランコに乗ってみましたさん）

**特大のパフェ**を食べる夢。アイスが何種類も入っていて、大好きな生クリームもたっぷりのってて、思い出すだけで幸せになれます。次はでっかいケーキの夢がいいな。
（中２・モンブラン希望さん）

部活動の**試合で大活躍**。起きたあとのガッカリ感が（泣）。
（中２・イレギュラーさん）

うちで飼ってる**イヌ2匹の夢**。２匹が川に飛び込んだら、１匹は溺れそうになってて、もう１匹は泳いだと思ったら潜って、その後エビをくわえて出てきました。おもしろかったなぁ。
（中２・犬かきって難しいさん）

**空を飛んでいる夢**を見たとき。あのときは身体も思った通りに動いたし、マジで楽しかった！
（中１・もちろん夢さん）

テーマ

## 春の訪れを感じるとき

**桜味**とか**桜色**の食べものをよく目にするようになったとき。今年も桜パフェ食べたいな～。
（中２・桜子さん）

学校が**春休み**になったときですね、やっぱり。
（中２・宿題はいつもギリギリさん）

**花粉**ですね。花粉症になる前は、春が好きだったんですが、いまは…。春は出会いの季節っていうけど、はれぼったい目と赤い鼻じゃ恋には発展しそうにないです。
（中２・杉山さん）

やっぱり**桜！**　毎年、家族でお花見にいくのを楽しみにしています。早く春が来ないかなー！
（中２・じつは花より団子さん）

## 必須記入事項

A／テーマ、その理由　B／郵便番号・住所
C／氏名　D／学年　E／ご意見、ご感想など

右のQRコードからケータイ・スマホでどしどしお寄せください！
住所・氏名は正しく書いてください。
ペンネームは氏名のうしろに（　）で書いてネ！
【例】サク山太郎（サクちゃん）

Present!!　掲載された方には抽選で３名に**図書カード**をお届けします！
（500円相当）

## 募集中のテーマ

「私のリラックス法」

「音楽の授業・好きな理由」

「いま一番知りたいこと」

応募〆切 2018年４月15日

ここから応募してね！

ケータイ・スマホから上のQRコードを読み取って応募してください。

掲載にあたり一部文章を整理することもございます。個人情報については、図書カードのお届けにのみ使用し、その他の目的では使用いたしません。

世間で注目のイベントを紹介

# サクセス イベントスケジュール

# 3月～4月

### 季節のくだもの　デコポン

果実の上部にあるポコッとした突起が特徴の柑橘類。「清見」と「ポンカン」という柑橘類をかけあわせた品種で、甘みが強くておいしいので好きな人も多いのでは？　皮がむきやすく、種もないから、食べやすいのもいいよね。3月上旬～4月上旬に多く出回るよ。

## 1

＼＼オール大観。大回顧展。／／

### 生誕150年
### 横山大観展

4月13日（金）～5月27日（日）
東京国立近代美術館

明治、大正、昭和を生きた日本画家・横山大観の、生誕150年と没後60年を記念した大回顧展。40m超という日本一長い画巻《生々流転》や《夜桜》《紅葉》といった代表作に加え、新出作品や習作も展示。総出品数91点という豪華な内容だ。作品によって展示期間が限定されるものもあるので、事前に確認しておくのがおすすめ。Ⓟ5組10名

## 2

＼＼写真に残せる展覧会／／

©Disney/Pixar

### ピクサー・ザ・フレンドシップ
### 仲間といっしょに冒険の世界へ

4月14日（土）～5月13日（日）
ラフォーレミュージアム原宿

「トイ・ストーリー」、「モンスターズ・インク」、「ファインディング・ニモ」などの大ヒット作を生み出したピクサー・アニメーション・スタジオが大好きな人におすすめの企画展がこちら。ディズニー／ピクサー映画の世界観のなかで写真を撮りながら、物語に描かれた友情や家族とのきずなを体験できる展覧会だよ。素敵な写真が撮れるといいね。

## 3

＼＼「名作」が集結！／／

創刊記念『國華』130周年・朝日新聞140周年

### 特別展「名作誕生
### ―つながる日本美術」

4月13日（金）～5月27日（日）
東京国立博物館 平成館

日本美術史上に輝く多彩な名作を取り上げた豪華な特別展に注目。奈良・平安の仏教美術から近代洋画まで、ジャンル、地域、時代を越えた「名作」が集結。作品同士の影響関係や、共通の社会背景に着目し、名作と名作のつながりを見出すユニークな展示構成となっている。展示作品には国宝や重要文化財も多く、華やかで贅沢な内容だ。Ⓟ5組10名

## 4

＼＼画家が描くネコの魅力／／

### 猪熊弦一郎展
### 猫たち

3月20日（火）～4月18日（水）
Bunkamura ザ・ミュージアム

ネコ好きさんにも、美術ファンにもおすすめの展覧会がこちら。シンプルな線と鮮やかな色使いが独特の魅力を持つ洋画家・猪熊弦一郎。大のネコ好きとして知られた猪熊にとって、ネコは作品のモチーフとしてもとても重要な存在。そんな猪熊の描いたネコの絵を中心に構成される展覧会だ。たくさんのネコたちが癒しと感動を与えてくれるはず。

## 5

＼＼春を感じる展覧会／／

【企画展】

### 桜 さくら SAKURA 2018
### ―美術館でお花見！―

3月10日（土）～5月6日（日）
山種美術館

春にぴったりの美しい展覧会が、山種美術館で開催されているよ。古くから日本人に親しまれてきた桜をテーマに、同館の近代・現代の日本画コレクションのなかから、桜が描かれた作品を厳選。名だたる日本画家たちの描いた桜の絵画を満喫できる内容だ。「桜が咲くまで待ちきれない！」という人は、美術館で一足先にお花見を楽しんでみて。

## 6

＼＼横浜を彩る花畑／／

### 横浜赤レンガ倉庫
### FLOWER GARDEN 2018

3月31日（土）～4月22日（日）
横浜赤レンガ倉庫 イベント広場

絵画として描かれた桜を鑑賞したあとで、実物の花が見たくなったら、ぜひ横浜に行ってみて。12回目となる横浜赤レンガ倉庫の「FLOWER GARDEN」は、海を望む広場に色鮮やかな花畑が登場するイベントだ。今年のテーマは「ワイルドフラワーガーデン」。会場にカラフルな花畑が登場し、まるで自然のなかで散策をしているような気分になれるよ。

1「群青富士」（右隻）1917年頃 横山大観 静岡県立美術館蔵（東京展：4月13日～5月6日）　3 国宝 八橋蒔絵螺鈿硯箱 尾形光琳作 江戸時代・18世紀 東京国立博物館蔵【展示期間：4月13日～5月6日】
4 猪熊弦一郎 題名不明 1987年 丸亀市猪熊弦一郎現代美術館蔵 ©The MIMOCA Foundation　5 速水御舟《夜桜》1928（昭和3）年 絹本・彩色 山種美術館　6「FLOWER GARDEN 2018」イメージパース

**招待券プレゼント!** Ⓟマークのある展覧会・イベントの招待券をプレゼントします。69ページ「学習パズル」にあるQRコードからご応募ください。（応募締切2018年4月15日）。当選者の発表は賞品の発送をもってかえさせていただきます。

# Success15 Back Number

## サクセス15 バックナンバー 好評発売中！

**2018 3月号**

### 4月までにやっておきたい 教科別学習のポイント

「研究者」にズームイン

大学研究室探検隊 東京理科大 杉山研究室

FOCUS ON 東京都立日比谷

**2018 2月号**

### 勉強法から心がまえまで 最後に差がつく入試直前期

地下鉄のいままでとこれから

大学研究室探検隊 東京工業大 山元研究室

FOCUS ON 埼玉県立浦和第一女子

**2018 1月号**

### コツコツ身につける 「書く力」の伸ばし方

入試本番までの体調管理法

SCHOOL EXPRESS 早稲田実業学校

FOCUS ON 東京都立青山

**2017 12月号**

### 知的好奇心をくすぐる 高校の実験授業

「色」の世界をのぞいてみよう

大学研究室探検隊 東京大　廣瀬・谷川・鳴海研究室

FOCUS ON 千葉県立東葛飾

**2017 11月号**

### 魅力あふれる 東京大学

モノのインターネット"IoT"

SCHOOL EXPRESS 早稲田大学本庄高等学院

FOCUS ON 埼玉県立浦和

**2017 10月号**

### 勉強と部活動 両立のヒント

「考古学」ってこんなにおもしろい！

大学研究室探検隊 東京大 中須賀・船瀬研究室

FOCUS ON 神奈川県立横浜緑ケ丘

**2017 9月号**

### 思考力・判断力 表現力の磨き方

映像技術はここまで進歩した！

SCHOOL EXPRESS 早稲田大学高等学院

FOCUS ON 東京都立国立

**2017 8月号**

### 目で見て肌で感じよう 学校発イベントの歩き方

科学に親しむためのおすすめ書籍

大学研究室探検隊 早稲田大 菅野研究室

FOCUS ON 神奈川県立横浜翠嵐

**2017 7月号**

魅力イロイロ 違いもイロイロ 首都圏の国立大学12校

世界を驚かせた近年の科学ニュース

大学研究室探検隊 東京大 宮本研究室

FOCUS ON 東京都立戸山

**2017 6月号**

個別の大学入試も 変化している

和算にチャレンジ

大学研究室探検隊 慶應義塾大 大前研究室

FOCUS ON 東京都立西

**2017 5月号**

先輩に学び、合格をめざせ！ 高校受験サクセスストーリー

重要性が高まる英語検定

SCHOOL EXPRESS 神奈川県立湘南

FOCUS ON 埼玉県立川越

**2017 4月号**

知っておこう 英語教育のこれから

あの天文現象の仕組みを教えます

SCHOOL EXPRESS MARCHの附属・系属校

FOCUS ON 神奈川県立柏陽

**2017 3月号**

10項目で比べてみた 早稲田大と慶應大

用法を誤りがちな日本語

SCHOOL EXPRESS 慶應義塾湘南藤沢

FOCUS ON 千葉県立船橋

**2017 2月号**

2020年度からの 大学入試改革

広がる「人工知能」の可能性

SCHOOL EXPRESS 東京学芸大学附属

FOCUS ON 神奈川県立川和

**2017 1月号**

東大生がアドバイス 高校受験の心得

入試直前期の不安解消法

SCHOOL EXPRESS 筑波大学附属駒場

FOCUS ON 東京都立新宿

**2016 12月号**

なりたい職業に つくためには

文豪ゆかりの地めぐり

SCHOOL EXPRESS 渋谷教育学園幕張

FOCUS ON 埼玉県立川越女子

これより前のバックナンバーはホームページでご覧いただけます（http://success.waseda-ac.net/）

## How to order バックナンバーのお求めは

バックナンバーのご注文は電話・ＦＡＸ・ホームページにてお受けしております。詳しくは80ページの「information」をご覧ください

# 「個別指導」という選択肢――

《早稲田アカデミーの個別指導ブランド》

MYSTA 早稲田アカデミー 個別指導マイスタ

早稲田アカデミー 個別進学館

“個別指導”だからできること × “早稲アカ”だからできること

- 難関校にも対応できる
- 弱点科目を集中的に学習できる
- 部活と両立できる
- 早稲アカのカリキュラムで学習できる

**好きな曜日!!** 「火曜日はピアノのレッスンがあるので集団塾に通えない…」そんなお子様でも安心 !! 好きな曜日や都合の良い曜日に受講できます。

**1科目でもOK!!** 「得意な英語だけを伸ばしたい」「数学が苦手で特別な対策が必要」など、目的・目標は様々。1科目限定の集中特訓も可能です。

**好きな時間帯!!** 「土曜のお昼だけに通いたい」というお子様や、「部活のある日は遅い時間帯に通いたい」というお子様まで、自由に時間帯を設定できます。

**回数も都合にあわせて設定!!** 一人ひとりの目標・レベルに合わせて受講回数を設定します。各科目ごとに受講回数を設定できるので、苦手な科目を多めに設定することも可能です。

**苦手な単元を徹底演習!** 平面図形だけを徹底的にやりたい。関係代名詞の理解が不十分、力学がとても苦手…。オーダーメイドカリキュラムなら、苦手な単元だけを学習することも可能です!

**定期テスト対策をしたい!** 塾の勉強と並行して、学校の定期テスト対策もしたい。学校の教科書に沿った学習ができるのも個別指導の良さです。苦手な科目を中心に、テスト前には授業を増やして対策することも可能です。

早稲田アカデミーの個別指導は首都圏に47校〈マイスタ12教室 個別進学館35校舎〉

スマホ・パソコンで MYSTA または 個別進学館 検索

小・中・高 全学年対応 / 難関受験・個別指導・人材育成

## 早稲田アカデミー個別進学館

WASEDA ACADEMY KOBETSU SCHOOL

お問い合わせ・お申し込みは最寄りの個別進学館各校舎までお気軽に!

| | | | | |
|---|---|---|---|---|
| 池袋西口校 03-5992-5901 | 池袋東口校 03-3971-1611 | 大森校 03-5746-3377 | 荻窪校 03-3220-0611 | 御茶ノ水校 03-3259-8411 |
| 海浜幕張校 043-272-4476 | 木場校 03-6458-5153 | 吉祥寺校 0422-22-9211 | 国立校 042-573-0022 | 相模大野校 042-702-9861 |
| 三軒茶屋校 03-5779-8678 | 新宿校 03-3370-2911 | 立川校 042-548-0788 | 月島校 03-3531-3860 | 西日暮里校 03-3802-1101 |
| 練馬校 03-3994-2611 | 府中校 042-314-1222 | 南大沢校 042-678-2166 | 町田校 042-720-4331 | 新百合ヶ丘校 044-951-1550 |
| たまプラーザ校 045-901-9101 | 武蔵小杉校 044-739-3557 | 横浜校 045-323-2511 | 大宮校 048-650-7225 | 川越校 049-277-5143 |
| 北浦和校 048-822-6801 | 志木校 048-485-6520 | 所沢校 04-2992-3311 | 南浦和校 048-882-5721 | 蕨 校 048-444-3355 |
| 市川校 047-303-3739 | 千葉校 043-302-5811 | 船橋校 047-411-1099 | つくば校 029-855-2660 | 新規開校 松戸校 |

## MYSTA 早稲田アカデミー 個別指導マイスタ

お問い合わせ・お申し込みは最寄りのMYSTA各教室までお気軽に!

| | | |
|---|---|---|
| 渋谷教室 03-3409-2311 | 池尻大橋教室 03-3485-8111 | 高輪台教室 03-3443-4781 |
| 池上教室 03-3751-2141 | 巣鴨教室 03-5394-2911 | 平和台教室 03-5399-0811 |
| 石神井公園教室 03-3997-9011 | 武蔵境教室 0422-33-6311 | 国分寺教室 042-328-6711 |
| 戸田公園教室 048-432-7651 | 新浦安教室 047-355-4711 | 津田沼教室 047-474-5021 |

## ○ 目標・目的から逆算された学習計画

マイスタ・個別進学館は早稲田アカデミーの個別指導ブランドです。個別指導の良さは、一人ひとりに合わせた指導。自分のペースで苦手科目・苦手分野の学習ができます。しかし、目標には必ず期日が必要です。そこで、期日までに必要な学習内容を終えるための、逆算された学習計画が必要になります。早稲田アカデミーの個別指導では、入塾の際に長期目標／中期目標を保護者・お子様との面談を通じて設定し、その目標に向かって学習計画を立てることで、勉強への集中力を高めるようにしています。

## ○ 集団授業のノウハウを個別指導用にカスタマイズ

マイスタ・個別進学館の学習カリキュラムは、早稲田アカデミーの集団授業のカリキュラムを元に、個別指導用にカスタマイズしたカリキュラムです。目標達成までに何をどれだけ学習するかを明確にし、必要な学習量を示し、毎回の授業・宿題を通じて目標に向けて学習し続けるためのモチベーションを維持していきます。そのために早稲田アカデミー集団校舎が持っている『学習する空間作り』のノウハウを個別指導にも導入しています。

## ○ 難関校にも対応

マイスタ・個別進学館は進学個別指導塾です。早稲田アカデミー教務部と連携し、難関校と呼ばれる学校の受験をお考えのお子様の学習カリキュラムも作成します。また、早稲田アカデミーオリジナルの難関校向け教材も、カリキュラムによっては使用することができます。

**お子様の夢、目標を私たちに応援させてください。**

**無料 個別カウンセリング 受付中**

**その悩み、学習課題、私たちが解決します。** 個別相談時間 30分～1時間

勉強に関することで、悩んでいることがあればぜひ聞かせてください。経験豊富なスタッフが最新の入試情報と指導経験をフルに活用し、丁寧にお応えします。 ※ご希望の時間帯でご予約できます。お電話にてお気軽にお申し込みください。

1科目でも
別校舎で受講可能
## 「通いやすい。完全単科制。」

授業は1科目から受講できるので、はじめは苦手な科目だけを受講し、必要に応じて増やしていくなど、自分に合わせた受講プランを立てることが可能です。また、学力や高校のスケジュールに合わせて、必要な授業を別々の校舎で受講することもできます。

授業だけじゃない
## 「充実のサポート体制」

■アシストスタッフ

現役の東大・早慶上智大などの学生が「アシストスタッフ」として常駐し、みなさんをサポートします。塾の学習に関する質問はもちろん、高校の定期テスト対策や大学についてなど、さまざまな質問に親身に応じてくれます。

■ラウンジ・自習室

静かで緊張感のある「自習室」は、集中して自習するのに最適です。また、友人と会話できる「ラウンジ」なら、教えあったり情報交換したりしながら一緒に勉強に励むことができます。赤本の閲覧も可能です。

■F.I.T.

無料で利用できる個別学習システム「F.I.T.」。教材データベースから自分に合わせた問題を選んで個別に学習し、アシストスタッフに解説してもらうことができます。普段受講していない教科の定期試験対策も可能です。

**医歯薬専門予備校48年の伝統と実績**

# 医学部完全合格143名

## 医学部入試報告会 3/17㊏ 事前予約制

新高1生 無料 春期講習会 3/21(祝水)～

医学部専門個別指導 Medical 1 メディカル・ワン

早稲田アカデミー教育グループ
医歯薬専門予備校
**野田クルゼ**
〈御茶ノ水〉

資料請求・お問い合わせ・各種お申し込みはお気軽にこちらへ

現役校 Tel 03-3233-6911(代) Fax 03-3233-6922 受付時間 13:00~22:00
本　校 Tel 03-3233-7311(代) Fax 03-3233-7312 受付時間 9:00~18:00

野田クルゼの最新情報はホームページでもご確認いただけます。 野田クルゼ 検索

最難関の東大、早慶上智大、
GMARCH理科大へ高い合格率
大きく伸びて現役合格を目指す——。

# 早稲田アカデミー大学受験部

## 春期講習会、受付中

新高1生 無料　3/22(木)▶4/3(火)

**1人でもない、大人数でもない、映像でもない「少人数ライブ授業」**

生徒と講師が互いにコミュニケーションを取りながら進んでいく、対話型・参加型の少人数でのライブ授業を早稲田アカデミーは大切にしています。講師が一方的に講義を進めるのではなく、講師から質問を投げかけ、皆さんからの応えを受けて、さらに理解を深め、思考力を高めていきます。この生徒と講師が一体となって作り上げる高い学習効果は大教室で行われる授業や映像授業では得られないものです。

**同じ大学を目指すライバル達と切磋琢磨「学力別・志望校別クラス編成」**

大学受験部は、学力別・志望校別のクラス編成。このことは自分の目標にぴったり当てはまる授業を選択できるだけでなく、同じ目標を持つ友人と、「同じ志を持つ仲間として、また、時にはライバルとして競争を楽しむ」ことによって互いの合格力を高めるために非常に有効です。

**生徒のやる気を引き出し、学力を伸ばす「熱意ある講師」**

大学受験部には、大学入試に精通した熱意あふれる講師が揃っています。また、授業を担当する講師達は定期的に連絡を取り合い、個々の生徒の学習状況や成績を共有して最適な学習プランを考え、合格に導きます。

新高1～新高3 生徒・保護者様 対象

## 2018 大学入試報告会 無料

早稲田アカデミーの「大学入試報告会」では、入試を詳細に分析し、「大学が入学者に何を求めているのか」をお伝えします。難関大学に合格するためには、入試制度や入試問題の難度・傾向などについてよく知り、対策を重ねていくことが大切です。ぜひご参加ください。

3/30(金)
国立・私立

時間▶ [国立] 10：00～12：00（9：30開場）
[私立] 13：00～15：00（12：30開場）
会場▶ TKPガーデンシティ御茶ノ水

早稲田アカデミー大学受験部の詳細はホームページまで　早稲田アカデミー　検索

お申し込み・お問い合わせは

大学受験部　☎0120-97-3737(代)
スマホ・パソコンで　早稲田アカデミー　検索　➡「高校生コース」をクリック！

| | | | | | |
|---|---|---|---|---|---|
| 池袋校 | 03-3986-7891 | 荻窪校 | 03-3391-2011 | 新百合ヶ丘校 | 044-951-0511 |
| 御茶ノ水校 | 03-5259-0361 | 国分寺校 | 042-328-1941 | 大宮校 | 048-641-4311 |
| 渋谷校 | 03-3406-6251 | 調布校 | 042-482-0521 | 志木校 | 048-476-4901 |
| 大泉学園校 | 03-5905-1911 | たまプラーザ校 | 045-903-1811 | | |

# Success15

## 4月号

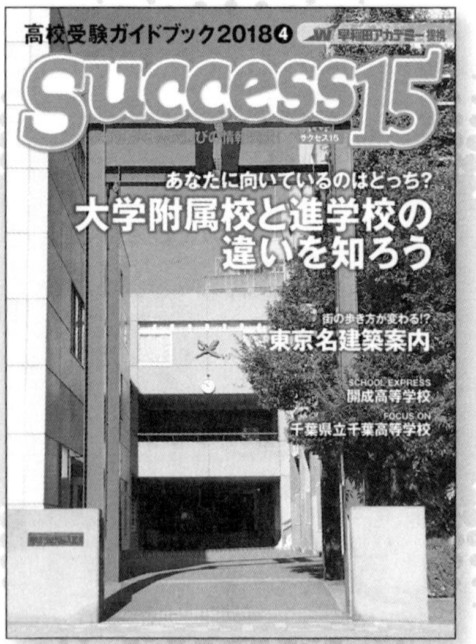


表紙画像提供：開成高等学校

### FROM EDITORS

1つ目の特集では、大学附属校と進学校、それぞれの魅力について取り上げました。特集を読んだ方は、どちらにもよさがあることをおわかりいただけたかと思いますが、今回紹介した以外にも、各校にはさまざまな特色があるので、ぜひ実際に学校を訪れて、その学校の雰囲気を感じ取ってほしいです。実際に訪れてみることで、各校の新たな魅力を発見できるかもしれません。

新たな発見といえば、2つ目の特集で紹介した東京の名建築。私もこれまで何度か足を運んだことのある建物もありますが、「建築」という観点から見ると新たな発見があっておもしろかったです。暖かくなってくるこれからの季節、記事を参考に出かけてみてください。（T）

## NEXT ISSUE 5月号

### SPECIAL 1

英語長文読解で気をつけるべきポイントとは？

### SPECIAL 2

日本と世界の民族衣装について知ろう

### SCHOOL EXPRESS

お茶の水女子大学附属高等学校

### FOCUS ON

東京都立立川高等学校

※特集内容および掲載校は変更されることがあります

### INFORMATION

『サクセス15』は全国の書店にてお買い求めいただけますが、万が一、書店店頭に見当たらない場合は、書店にてご注文いただくか、弊社販売部、もしくはホームページ（右記）よりご注文ください。送料弊社負担にてお送りします。定期購読をご希望いただく場合も、上記と同様の方法でご連絡ください。

### OPINION, IMPRESSION & ETC

本誌をお読みになられてのご感想・ご意見・ご提言などがありましたら、ぜひ当編集室までお声をお寄せください。また、「こんな記事が読みたい」というご要望や、「こういうときはどうしたらいいの」といったご質問などもお待ちしております。今後の参考にさせていただきますので、よろしくお願いいたします。

### サクセス編集室 お問い合わせ先

TEL：03-5939-7928　FAX：03-5939-6014

高校受験ガイドブック2018 4 サクセス15

発　行　2018年3月15日　初版第一刷発行
発行所　株式会社グローバル教育出版
〒101-0047 東京都千代田区内神田2-4-2
TEL　03-3253-5944
FAX　03-3253-5945
http://success.waseda-ac.net
e-mail　success15@g-ap.com
郵便振替口座番号　00130-3-779535
編　集　サクセス編集室
編集協力　株式会社 早稲田アカデミー

©本誌掲載の記事・写真・イラストの無断転載を禁じます。